随筆

青年の大地

Youth: Revitalizing the Community

―地域ルネサンスの力《ちから》―

池田大作

鳳書院

池田名誉会長夫妻

念《ねん》で、社会奉仕《ほうし》の活動にも力《ちから》を入れた。

学園《がくえん》は今、国立《こくりつ》タゴール国際《こくさい》大学へと発展《はってん》した。インディラ・ガンジー元《もと》首相《しゅしょう》や、「人間の安全保障《あんぜんほしょう》」を唱導《しょうどう》した世界的な経済学者《けいざいがくしゃ》のアマルティア・セン博士《はかせ》も、ここに学んだ。

アジアの誇《ほこ》る〝世界市民〟が創《つく》った学園は、地域社会と一体《いったい》となって、その恩《おん》ある地域に、インドに、そして世界に貢献《こうけん》する英才《えいさい》を育《はぐく》む名門《めいもん》となった。

タゴールはインド東部のベンガル地方に生まれ、ベンガル・ルネサンスと呼《よ》ばれる社会改革《かいかく》運動を担《にな》った一人《ひとり》でもある。

元来《がんらい》「ルネサンス」は「再生《さいせい》」を意味する。主《しゅ》として、十四世紀《せいき》のイタリアを中心に起こった人間主義の大文化運動を指《さ》してきた。往古《おうこ》のギリシャやローマの文化に〝人間らしさ〟の源《みなもと》を求め、美術・文芸などで新《あら》たな扉《とびら》を開いた。

この「人間復興《ふっこう》」の営《いとな》みの中に、私たちが取り組む課《か》題《だい》である「地域再生《さいせい》」へのヒントもあるのではないか。「人間」が輝《かがや》いてこそ、「地域」もまた輝いていくからだ。

行き詰《づ》まったら、原点《げんてん》に返《かえ》れ！――である。「人間」こそ原点だ。ゆえに「人間」に返ればよいのである。そして、その人間が生きる「地域」にこそ、現状《げんじょう》を打開《だかい》する知恵《ちえ》がある。

私は命《いのち》のある限《かぎ》り、青年のために、青年とともに、青年の心で、人間を育《はぐく》む大地《だいち》を耕《たがや》し続けたい。この願《ねが》いと決意を込《こ》め、本書の題名《だいめい》を定《さだ》めた。各地に「地域ルネサンス」の胎動《たいどう》を感じつつ。

グローバル化（地球一体化《ちきゅういったいか》）が進み、一人《ひとり》の声が国境《こっきょう》をも越《こ》える時代となった。玉石混淆《ぎょくせきこんこう》の言論《げんろん》の大潮流《だいちょうりゅう》にあって、最後《さいご》に残《のこ》るのは、誠実《せいじつ》にして真実《しんじつ》の言葉《ことば》だけである。人間に想像《そうぞう》の翼《つばさ》を与《あた》え、他者《たしゃ》を思う心の育成《いくせい》にも通《つう》ずる「活字《かつじ》文化」の重《おも》みを、私はあらためて強調《きょうちょう》したい。

思えば、ヨーロッパにおける〝ルネサンスの三大発明《はつめい》〟の一つも、活版印《かっぱんいん》刷《さつ》の技術《ぎじゅつ》であった。

人間の英知《えいち》の結晶《けっしょう》である文字は、時代を超《こ》え、国境《こっきょう》を越《こ》えて伝《つた》えられ、人間の精神《せいしん》を啓発《けいはつ》し、偉大《いだい》な文化を興隆《こうりゅう》させてきた。

不屈《ふくつ》の言論の闘士《とうし》であり、壮大《そうだい》な文明間対話《ぶんめいかんたいわ》を進めた、インドネシアのワヒド元大統領《もとだいとうりょう》は、遺言《ゆいごん》のごとく、私に語《かた》られた。

「私たちの文明が前進できるのは、活字文化を活用《かつよう》しているからです。活字文化は、私たちの考えや気持ちを込《こ》めることができるばかりか、長い間にわたってそれを保存《ほぞん》し、何度も読み返すことができるものです。つまり、永《えい》続的《ぞくてき》な性質《せいしつ》を持っているのです」

良《よ》き活字《かつじ》文化を守《まも》り、育《そだ》てていきたい。それが人間性を豊《ゆた》かにし、地域を活性化《かっせいか》し、そして社会を再生《さいせい》していく、ルネサンスの土壌《どじょう》になるからである。

私は、各地の新聞が、活字文化発展《はってん》への原動力《げんどうりょく》になることを深く確信《かくしん》する一人《ひとり》である。地域に根《ね》ざした創意工夫《そういくふう》の紙面《しめん》は、人々を結《むす》ぶ、生《い》き生きとしたコミュニケーションの舞台《ぶたい》でもある。かけがえのない「心の広場《ひろば》」といってよい。

最後に、貴重《きちょう》な寄稿《きこう》の機会《きかい》を与《あた》えてくださった山口新聞社、宇部日報社、千葉日報社、埼玉新聞社、福井新聞社、神戸新聞社、四國新聞社、岐阜新聞社、奈良新聞社、奈良日日新聞社、日刊県民福井、山陽新聞社、北國新聞社、富山新聞社、中國新聞社、長崎新聞社、新日本海新聞社、山陰中央新報社、

下野《しもつけ》新聞社、IPS通信社の関係者の皆様方に心より御礼《おんれい》申し上げたい。
尊《とうと》き各紙が「青年の大地《だいち》」を照《て》らす希望《きぼう》の光源《こうげん》として、文化の言論城《げんろんじょう》として、ますます発展《はってん》されゆくことを深く祈念《きねん》いたします。

二〇一〇年　初夏

池田大作

＊『タゴール著作集2』森本達雄訳、第三文明社

随筆

青年の大地

――地域ルネサンスの力《ちから》――

はじめに……1

第一章　愛する地域

時代を創《つく》る青年の心……15
「千葉の心」は　菜《な》の花の如《ごと》く……24
「太陽の宝土《ほうど》」埼玉……35
「人材の先進県」福井の光……46
神戸から「生命の輝《かがや》き」を……51

第二章　青年と教育

若き心に　励《はげ》ましの太陽を …… 59
一人の行動が　世界を変える …… 66
「正義」と「勇気」の一歩を …… 84
「根」を育てる「桜守《さくらもり》」 …… 90

第三章　健康と文化

「世界の奈良」から文化の大光《たいこう》を …… 97
心の輝きと長寿《ちょうじゅ》 …… 108

「オーストリア大宮殿展《だいきゅうでんてん》」に寄《よ》せて …… 116
「新聞の力《ちから》」——郷土から世界へ …… 122

第四章 平和と人権

広島で「核廃絶《かくはいぜつ》サミット」を …… 133
「あきらめの壁《かべ》」乗《の》り越《こ》える勇気を …… 141
北陸から「平和の春」を …… 148
未来の世代へ　伝えゆくこと …… 155
環《かん》日本海の大交流へ …… 160
山陰の心《サン・イン・ハート》は　安心社会の太陽 …… 166

第五章　友誼と対話

絆《きずな》を強め 人が輝く郷土に……173
豊《ゆた》かな友好の大地……179
深き信義《しんぎ》の源流《げんりゅう》……184
岐阜から「共生《きょうせい》の世紀」を……189
「世界市民の港《みなと》」に友情の絵巻《えまき》を……194
「対話の文明」……199

＊本書の収録に際して一部、加筆・編集させていただいております。

カバー及び本文中写真　著者
識者との会見等の写真　聖教新聞社
装幀及び本文デザイン　藤原　光寿

第一章　愛する地域

時代を創《つく》る青年の心

大宇宙《だいうちゅう》では、新しい星が盛《さか》んに誕生《たんじょう》を続ける星雲《せいうん》が観測《かんそく》される。活力《かつりょく》みなぎる銀河《ぎんが》のごとく、日本にも、新しい人材《じんざい》が力強《ちからづよ》く誕生してきた天地《てんち》がある。

それが山口県である。錦帯橋《きんたいきょう》、秋吉台《あきよしだい》、ふぐなど、山口の名物《めいぶつ》は数多《かずおお》いが、何にもまして第一のお国自慢《くにじまん》は「人《ひと》」であろう。

私が対談《たいだん》した歴史学者《れきしがくしゃ》のトインビー博士《はかせ》も、世界史的な視野《しや》から明治維新《いしん》の舞台《ぶたい》・山口に注目《ちゅうもく》されていた。一九二九年、博士《はかせ》が関門海峡《かんもんかいきょう》から初めて見た日本の光景《こうけい》も、下関《しものせき》である。*1 終生《しゅうせい》、忘《わす》れ得《え》ぬ美しさに魅了《みりょう》されたと感嘆《かんたん》しておられた。

博士と私の対話《たいわ》の焦点《しょうてん》は、現代文明《ぶんめい》の試練《しれん》に挑《いど》む人類《じんるい》の勇気《ゆうき》と英知《えいち》を、どう持続的《じぞくてき》に薫発《くんぱつ》するかにあった。

時代は青年が創《つく》る。ゆえに青年を育《そだ》てることから一切《いっさい》が始まる。

明治維新《いしん》の原動力《げんどうりょく》も、萩《はぎ》の松下村塾《しょうかそんじゅく》での師弟《してい》の薫陶《くんとう》から生まれた。今年（二〇一〇年）は吉田松陰《しょういん》の生誕《せいたん》百八十周年《しゅうねん》。山口に光る教育力から、あらためて学ぶ好機《こうき》としたい。

私の人生の師である戸田城聖《じょうせい》・創価学会第二代会長は、戦時中《せんじちゅう》、軍部政府《ぐんぶせいふ》による投獄《とうごく》にも屈《くっ》しなかった信念《しんねん》の教育者である。その恩師《おんし》が「青年は良《よ》き指導者《しどうしゃ》を得《え》れば、いくらでも変《か》わっていける」と語《かた》り、模範《もはん》と仰《あお》いだのが、

トインビー博士の自宅で歓談のひととき（1973.5　イギリス・ロンドン）

吉田松陰《しょういん》であった。

「松陰と、その門下《もんか》は美しいな。尊《とうと》い師弟《してい》の物語《ものがたり》を残《のこ》したよ」と、よく言われていた。

その師弟を貫《つらぬ》く魂《たましい》は何か。

松陰は「志《こころざし》を立てて以《もっ》て万事《ばんじ》の源《みなもと》と為《な》す[*2]」と語《かた》った。世のため、民《たみ》のためにとの師の「志」が、弟子《でし》の命《いのち》に炎《ほのお》と燃《も》え伝《つた》わったのだ。

獄中《ごくちゅう》の松陰は愛《まな》弟子の高杉晋作《たかすぎしんさく》に遺言《ゆいごん》した。

「死《し》して不朽《ふきゅう》の見込《みこみ》あらばいつでも死ぬべし。生《い》きて大業《たいぎょう》の見込あらばいつでも生くべし[*3]」

師弟は人を強くする。心を定《さだ》めた晋作たちは若き力《ちから》を存分《ぞんぶん》に発揮《はっき》し、天下《てんか》を動かした。

師弟というと、古《ふる》い印象《いんしょう》を受ける方《かた》もいるかもしれない。しかし、人格《じんかく》は人格の触発《しょくはつ》によって育《はぐく》まれる。私と対談《たいだん》したアメリカ実践哲学協会《じっせんてつがくきょうかい》のマリノフ会長も、明快《めいかい》に指摘《してき》された。

「より高く精神《せいしん》を飛翔《ひしょう》させ、より充実《じゅうじつ》した人生を開くため、師匠《ししょう》の存在《そんざい》は不可欠《ふかけつ》です」

師弟《してい》は若《わか》き心に希望《きぼう》を贈《おく》り、その創造性《そうぞうせい》を開花《かいか》させる源泉《げんせん》となる。

私は青春《せいしゅん》時代から、山口県の方々と深く広く交友《こうゆう》を結《むす》んできた。その進取《しんしゅ》の気性《きしょう》と開拓《かいたく》の息吹《いぶき》が大好きである。

私の知る青年教育者は、防府《ほうふ》市の小学校で校内《こうない》の淀《よど》んだ池《いけ》を児童《じどう》と眺《なが》めながら、「蛍《ほたる》の舞《ま》う池に」と夢《ゆめ》を語《かた》り合《あ》った。皆で蛍について学び、人工《じんこう》ふ化へ挑戦《ちょうせん》を開始《かいし》する。努力《どりょく》に努力を積《つ》み重《かさ》ね、ついに成功《せいこう》した。六百人の市民の方々と蛍の夕《ゆう》べを開くまでになった。自然を愛する心と心が織《お》り成《な》した、この師弟のドラマは、海外《かいがい》にまで反響《はんきょう》を広げている。

〝険《けわ》しく困難《こんなん》な状況《じょうきょう》ほど、大事業《だいじぎょう》を成《な》すには好都合《こうつごう》である[*4]〟とは、松陰《しょういん》の達観《たっかん》であった。

晋作《しんさく》もまた、迫害《はくがい》の渦中《かちゅう》、〝わが胸中《きょうちゅう》には太陽あり。我、百折不屈《ひゃくせつふくつ》なり[*5]〟と叫《さけ》んでいる。

理想《りそう》のためには苦難《くなん》を恐《おそ》れず。この負《ま》けじ魂《だましい》が、山口には燃《も》える。近代《きんだい》の宇部《うべ》の発展《はってん》を開いた実業家《じつぎょうか》の渡邊祐策翁《わたなべすけさくおう》も、郷土《きょうど》のために自己を捧《ささ》げ、刻苦奮闘《こっくふんとう》の人生を歩《あゆ》み抜《ぬ》いた。

その共存共栄《きょうそんきょうえい》・協同一致《きょうどういっち》の精神《せいしん》は百年以上も受け継《つ》がれ、「宇部方式《ほうしき》」と呼《よ》ばれる地域一体《いったい》の環境保全《かんきょうほぜん》の知恵《ちえ》に結晶《けっしょう》した。世界的に注目《ちゅうもく》されるモデルである。

厳《きび》しい経済不況《ふきょう》など、社会は閉塞感《へいそくかん》を深めている。だからこそ、心の励《はげ》ましを強めたい。

もう二十年前（一九九〇年）、中国の人民大会堂《じんみんだいかいどう》で国家指導者《こっかしどうしゃ》の方々から歓迎《かんげい》をいただいた折《おり》、私は、山口県の庶民《しょみん》の母のことを申し上げた。

それは、作家《さっか》として高名《こうめい》な鄧友梅《とうゆうばい》先生の回想《かいそう》であった。戦争末期《せんそうまっき》、鄧先生は十四歳で日本に強制連行《きょうせいれんこう》され、工場で働《はたら》かされた。過酷《かこく》な労働《ろうどう》や暴力《ぼうりょく》の連続《れんぞく》の中で必死《ひっし》にかばってくれたのが、徳山《とくやま》（現・周南《しゅうなん》市）の女性工員《こういん》たちであった。

自《みずか》らも我が子を戦地《せんち》へ送り出している婦人は、涙《なみだ》ながらに語《かた》った。

「息子《むすこ》が外国でこんな辛《つら》い目にあっていると知ったら、あんたのお母さんはどんなに切《せつ》なかろうね」――。

鄧少年は、山口の母たちの真心《まごころ》に、故郷《こきょう》と同じく温《あたた》かな「人間」がいることを知った。それを支《ささ》えに生《い》き抜《ぬ》いたと感謝《かんしゃ》されている。胸《むね》に迫《せま》る友好《ゆうこう》の秘話《ひわ》だ。*6

どの命《いのち》も、わが子のごとく慈《いつく》しみ育《はぐく》む――この母の心が満《み》ちる山口こそ、青年育成《いくせい》の平和の大地《だいち》といってよい。

教育立県《りつけん》・山口では、尊《とうと》き伝統《でんとう》を踏《ふ》まえ、「学ぶ力《ちから》　創《つく》る力　生《い》き抜《ぬ》く力」の三つの力と、「広い心　温《あたた》かい心　燃《も》える心」の三つの心の育成を目指《めざ》されている。それは、維新《いしん》の志士《しし》たちの志《こころざし》であると同時に、二十一世紀《せいき》の世界市民の指標《しひょう》でもあろう。

少人数《しょうにんずう》教育の実践度《じっせんど》の高さも全国の手本《てほん》だ。大切《たいせつ》な「NIE（教育に新聞を）」運動も、活発《かつぱつ》に推進《すいしん》されている。

山口市、岩国《いわくに》市、柳井《やない》市、下松《くだまつ》市など、いずこにも私は旧友《きゅうゆう》がいる。

トインビー博士《はかせ》の忘《わす》れ得《え》ぬ言葉《ことば》がある。

「次の世代に起ころうとしていることに、ほんとうに関心《かんしん》をもつことができれば、生命のつづくかぎり若さを保《たも》つことができます」*7

下関《しものせき》に立つ、高杉晋作《たかすぎしんさく》と坂本龍馬《さかもとりょうま》の友情《ゆうじょう》の記念碑《ひ》は、その名も「青春《せいしゅん》交響《こうきょう》の塔《とう》」だ。

山口は老《お》いも若きも、みな人材《じんざい》、みな青春である。我らの愛する山口から、偉大《いだい》な青春の交響楽《がく》が、明るく賑《にぎ》やかに、未来《みらい》へ轟《とどろ》きゆくことを、私は願《ねが》ってやまない。

（山口新聞／宇部日報　2010年4月20日）

＊1　A・J・トインビー著「日本と私」滝沢荘一訳、松岡紀雄編『日本の活路』所収、国際PHP研究所、参照
＊2　山口県教育会編『吉田松陰全集4』岩波書店、現代表記に改めた
＊3　山口県教育会編『吉田松陰全集9』岩波書店、現代表記に改めた
＊4　山口県教育会編『吉田松陰全集8』岩波書店、参照
＊5　堀哲三郎編『高杉晋作全集（上）』新人物往来社、参照
＊6　人民中国雑誌社編『わが青春の日本——中国知識人の日本回想』東方書店、引用・参照
＊7　A・J・トインビー著、松岡紀雄編『日本の活路』国際PHP研究所

「千葉の心」は　菜《な》の花の如《ごと》く

「一華《いっか》を見て春を推《すい》せよ」

寒風《かんぷう》のなか、凛《りん》と立つ菜の花が一本あれば、そこから一足《ひとあし》早い春が広がる。

ドイツの文豪《ぶんごう》ゲーテは、「黄色《きいろ》」を「光《ひかり》に一番近い色」と呼《よ》んだ。菜の花の黄色は、まさに〝希望《きぼう》の光〟の結晶《けっしょう》である。〝小さな太陽〟といってもよい。

毎年、房総《ぼうそう》の友人が見事《みごと》な菜の花の写真を送ってくれる。目の前がパッと明るくなる快活《かいかつ》さがある。心の奥《おく》まで届《とど》く温《あたた》かさがある。

この菜の花が、千葉県の県花《けんか》であることは、なんと素晴《すば》らしいことだろう

2002.4　山梨

か。私には、朗《ほが》らかな千葉の友の笑顔《えがお》のスクラムと重《かさ》なり合って胸《むね》に迫《せま》ってくる。

房総半島《ぼうそうはんとう》は、十二月から三月まで、菜《な》の花の黄金《おうごん》の絨毯《じゅうたん》で彩《いろど》られる。〝日本の道　百選《ひゃくせん》〟に選《えら》ばれた「房総フラワーライン」も、菜の花街道《かいどう》として有《ゆう》名《めい》だ。

今、先の見えない、長いトンネルに入ったような、冬の時代が続いている。

しかし、十三世紀《せいき》の安房《あわ》に誕生《たんじょう》した大哲人《だいてつじん》は言った。

「冬は必《かなら》ず春となる」

菜の花の咲《さ》き誇《ほこ》る我らの千葉の道は、皆に春を告《つ》げゆく希望《きぼう》の道である。

国を超《こ》えて薫《かお》る人間愛

今年（二〇一〇年）は、私の師《し》である戸田第二代会長の生誕《せいたん》百十周年《しゅうねん》（一九〇〇年二月十一日生まれ）である。

戦後《せんご》、地球民族主義《ちきゅうみんぞくしゅぎ》という理念《りねん》を提唱《ていしょう》し、核兵器《かくへいき》の廃絶《はいぜつ》を訴《うった》えた恩師《おんし》が訪《ほう》問《もん》を願《ねが》っていた国がある。太平洋で結《むす》ばれた隣国《りんごく》メキシコである。そのメキシコと日本の友好《ゆうこう》の淵源《えんげん》が、じつは千葉の誠実《せいじつ》な民衆《みんしゅう》の力《ちから》にあったことを、恩師はよく語《かた》り聞かせてくれた。

すなわち、江戸《えど》時代の一六〇九年、嵐《あらし》で難破《なんぱ》したメキシコ（当時はスペイン領《りょう》ヌエバ・エスパーニャの一部）の帆船《はんせん》の乗組員《のりくみいん》を、南房総《みなみぼうそう》の御宿《おんじゅく》の人々が献身的《けんしんてき》に救助《きゅうじょ》した歴史《れきし》である。

当時、御宿の人口《じんこう》は三百人足《た》らずであったという。その村人たちが、三百十七人もの異国《いこく》の遭難者《そうなんしゃ》を助《たす》けたのである。村の女性は、同苦《どうく》の涙《なみだ》を流して介抱《かいほう》してくれた。村を挙《あ》げての救援《きゅうえん》の姿《すがた》は、メキシコの記録《きろく》に深い感動《かんどう》を込《こ》めて書き留《とど》められている。苦《くる》しむ人を放《ほう》ってはおけない――国を超《こ》えて薫《かお》る人間愛だ。

わが恩師《おんし》は、この知られざる歴史《れきし》に光《ひかり》を当てつつ、文化・教育の交流《こうりゅう》を通《とお》して、民衆《みんしゅう》と民衆の心を結《むす》び合うことこそ平和の王道《おうどう》なり、と遺言《ゆいごん》したのである。

友好《ゆうこう》四百周年《しゅうねん》に当たる昨年（二〇〇九年）、御宿町《おんじゅく》では、私が創立《そうりつ》した民主音楽協会（民音）との共催《きょうさい》で、有意義《ゆういぎ》なメキシコ音楽の公演《こうえん》も行われた。

「あたたかい心で人のなかに住《す》め」

十五年前（一九九五年）の冬、あの阪神《はんしん》・淡路大震災《あわじだいしんさい》が起こった。この時、私が知る木更津《きさらづ》のお母さんは、いても立ってもいられず、たくさんの菜《な》の花を神戸《こうべ》の避難所《ひなんじょ》へ送《おく》られた。一本一本、被災者《ひさいしゃ》の方々に手渡《てわた》された真心《まごころ》の花は、何よりの励《はげ》ましとなった。熱い感謝《かんしゃ》と、復興《ふっこう》への決意の声が返《かえ》ってきた。

「人を思う心に距離《きょり》はありません。春の風のように心は心へ届《とど》きますね」

と、千葉の母は清々《すがすが》しく語《かた》る。

私には文豪《ぶんごう》・吉川英治《えいじ》氏の一節《いっせつ》が思い起こされる。

「あたたかい心で人のなかに住《す》め。人のあたたかさは、自分の心があたたかでいなければ分《わか》る筈《はず》もない」*1

吉川氏の優《やさ》しいお母さんも、千葉の出身《しゅっしん》であった（現在の佐倉《さくら》市江原台《えばらだい》）。いかなる苦労《くろう》も乗《の》り越《こ》えてきた母の微笑《ほほえ》みほど、気高《けだか》く強いものはない。房総《ぼうそう》のお母さん方には、温《あたた》かな「太陽の心」が輝《かがや》いている。この最《もっと》も尊《とうと》き「千葉の心」すなわち「日本の心」を、いつまでも大事にしていきたいと思うのは、私一人《ひとり》だけではあるまい。

人を勇気《ゆうき》づける声の力《ちから》

私が対談《たいだん》を進めるアメリカの女性詩人《しじん》ワイダー博士《はかせ》は、ボランティアに励《はげ》んだお母さんを誇《ほこ》りにされていた。

「母は人々を愛し、人々と一緒《いっしょ》に熱中《ねっちゅう》しました。何かやるべきことが持ち上がると、『これは私にもできるわ！』と喜《よろこ》びでいっぱいになるのです」と。

「シェア＝分《わ》かち合い」や「ケア＝思いやり」という世界市民の精神《せいしん》も、身近《みぢか》な家庭・地域の心のつながりによって育《はぐく》まれる。

その第一歩《だいいっぽ》となるのが、「あいさつ」であろう。二〇〇七年から千葉県が推進《すいしん》されている「あいさつ運動」は、人と人のつながりを強め、地域力を高めゆく運動としても注目《ちゅうもく》される。

声はタダである。しかし、人を勇気《ゆうき》づける不思議《ふしぎ》な力《ちから》がある。スポーツ心《しん》理学《りがく》でも「シャウト効果《こうか》」と言われる。活発《かっぱつ》に掛《か》け声《ごえ》を出すことで、プレッシャーをはね返《かえ》し、持てる力を発揮《はっき》できる。声で勝《か》つのだ。

仏法では「声は仏《ほとけ》の仕事《しごと》をする」とまで説《と》かれる。暗《くら》い経済不況《ふきょう》の時代だ

1987.6　フランス・パリ

からこそ、声を惜《お》しまず、明るく励《はげ》まし合っていきたい。

試《し》練《れん》の時こそ魂《たましい》を燃《も》やせ

私の千葉の友人に、老舗《しにせ》の酒造《しゅぞう》の当主《とうしゅ》がいる。かつては倒産《とうさん》の危機《きき》に瀕《ひん》したこともある。その時、毎日のように足《あし》を運《はこ》び、激励《げきれい》してくれた地域の先輩《せんぱい》がいた。「どんな嵐《あらし》にも揺《ゆ》るがぬ大木《たいぼく》となれ」との指針《ししん》を胸《むね》に、彼は立ち上がった。基本《きほん》に徹《てっ》しつつ、血《ち》のにじむ努力《どりょく》と創意工夫《そういくふう》を重《かさ》ねた。今、全国の鑑評会《かんぴょうかい》で絶讃《ぜっさん》される名酒《めいしゅ》を造《つく》り、業界《ぎょうかい》の発展《はってん》にも深く貢献《こうけん》している。

「賢者《けんじゃ》はよろこび愚者《ぐしゃ》は退《しりぞ》く」——これも千葉が誇《ほこ》る大哲人《だいてつじん》の金言《きんげん》である。試練の時こそ、喜《よろこ》び勇《いさ》んで負《ま》けじ魂を燃やす。これが、敬愛《けいあい》する千葉の賢者の心である。

地球温暖化《ちきゅうおんだんか》に負けない新品種《しんひんしゅ》の海苔《のり》の開発《かいはつ》も、海苔屋に生まれ育《そだ》った私は嬉《うれ》しく伺《うかが》った。世界初の種《たね》なしビワの育成《いくせい》も朗報《ろうほう》である。

地域の教育力を高めよ

千葉県の県民歌《けんみんか》に「人の和《わ》に力《ちから》あふれて　日に進む建設の音*2」との一節《いっせつ》があある。古来《こらい》、日本人が大切《たいせつ》にしてきた建設的な「人の和」を次の世代にも伝《つた》えたい。

千葉日報社が主催《しゅさい》される「千葉教育大賞」に輝《かがや》いた「学校支援《しえん》の輪《わ》・大穴《おおあな》小《しょう》ボランティア」は、地域で子どもを守《まも》り伸《の》ばす、船橋《ふなばし》市の先見《せんけん》のモデルである。

私も「教育のための社会」づくりを訴《うった》えてきた。「わが地域の子どもたちのために」と、皆で知恵《ちえ》を出し合って、教育力を高めゆくとき、社会全体が若々しく活力《かつりょく》を増《ま》すに違《ちが》いない。

地図《ちず》を開くと、日本列島《れっとう》は扇《おうぎ》を開いた姿《すがた》に見える。その扇の要《かなめ》はどこか。房総半島《ぼうそうはんとう》である。千葉である。

今年の秋には国民体育大会も「ゆめ半島」千葉で盛大《せいだい》に開催《かいさい》される。菜《な》の花の花言葉《はなことば》は、「快活《かいかつ》」「元気いっぱい」「豊《ゆた》かさ」とまことに威勢《いせい》がよい。菜の花のごとく「千葉の心」が咲《さ》き広がるならば、日本列島に、どれほど明るい春が訪《おとず》れるか。「ゆめ半島」に私も「夢《ゆめ》」を託《たく》したい。

（千葉日報　2010年2月11日）

＊1　『宮本武蔵8』吉川英治歴史時代文庫、講談社
＊2　「千葉県民歌」（鈴木弥太郎作詞・長谷川良夫作曲）

「太陽の宝土《ほうど》」埼玉

いのち弾《はず》む春は、「彩《さい》の国《くに》」埼玉県が光り輝《かがや》く季《き》節《せつ》である。

大宮《おおみや》公園の桜《さくら》、羊山《ひつじやま》公園の芝桜《しばざくら》、田島《たじま》ケ原《はら》のサクラソウ、深谷《ふかや》、越谷《こしがや》のチューリップ。さらに牛島《うしじま》の藤《ふじ》、東松山《ひがしまつやま》の牡《ぼ》丹《たん》、越生《おごせ》、長瀞《ながとろ》のツツジなど——。

一輪《いちりん》また一輪、けなげに冬を耐《た》え抜《ぬ》いて咲《さ》く花華《はなばな》である。埼玉の春は、なんと誇《ほこ》り高き百花繚乱《ひゃっかりょうらん》の賑《にぎ》わいであろう。

埼玉の「埼」という字のつくりを見れば、「土《つち》」に「大《だい》」と「可《か》」から成《な》る。埼玉の大地《だいち》は、若き生命が厳《きび》しい冬の試練《しれん》を勝《か》ち越《こ》え、大いなる可能性《かのうせい》を限《かぎ》りなく開花《かいか》させゆく舞台《ぶたい》といえまいか。

「人間が　動《うご》き出《だ》しけり　春の風[*1]」とは、埼玉の天地《てんち》を愛《あい》した正岡子規《まさおかしき》の名《めい》句《く》である。

四月は「変化《へんか》」の時だ。進学《しんがく》や就職《しゅうしょく》などの節目《ふしめ》でもある。期待《きたい》と不安《ふあん》の入《い》り交《ま》じるなか、緊張感《きんちょうかん》をもって、出発《しゅっぱつ》した青年も多いことだろう。

とくに、厳《きび》しい経済不況《ふきょう》や深刻《しんこく》な就職難《なん》の時勢《じせい》である。なかなか思うように進路《しんろ》の決まらぬ場合もあるに違《ちが》いない。

いつにもまして荒波《あらなみ》の社会へ船出《ふなで》しゆく青年たちに、私は心からのエールを贈《おく》りたい。

若いということは、それだけで、いかなる権力者《けんりょくしゃ》も、大富豪《だいふごう》も、有名人《ゆうめいじん》も敵《かな》わない「無限《むげん》の財宝《ざいほう》」を持っている。くよくよと後ろを振《ふ》り向《む》く必要《ひつよう》など、まったくない。まず今いる、その場所《ばしょ》で、自分らしく光っていくことだ。信《しん》頼《らい》を勝《か》ち取《と》っていくことだ。

東洋《とうよう》の英知《えいち》の言《げん》には――

「未来《みらい》の果《か》を知らんと欲《ほっ》せば其《そ》の現在の因《いん》を見よ」とある。

「未来《らい》」は「今」にあり。今この時に、歯《は》を食《く》いしばって蒔《ま》いた種《たね》が、やがて未来に勝利《しょうり》の花を咲《さ》かせゆくのだ。

花には「忍耐《にんたい》」という大地《だいち》がある。青春《せいしゅん》も同じであろう。

渋沢翁《しぶさわおう》の教え「不屈《ふくつ》の勇気《ゆうき》」

歴史《れきし》の鏡《かがみ》に照《て》らしても、激動《げきどう》の変化《へんか》のなかでスケールの大きな逸材《いつざい》が登場《とうじょう》する。ここに埼玉の強靭《きょうじん》な精神風土《せいしんふうど》がある。

深谷《ふかや》市の出身《しゅつしん》で、近代《きんだい》日本の経済社会の礎《いしずえ》を築《きず》き上げた渋沢栄一《えいいち》翁も、そうであった。

若き日、渋沢《しぶさわ》青年は、徳川幕府《とくがわばくふ》の命令《めいれい》で渡《わた》った欧州留学中《おうしゅうりゅうがくちゅう》に、大政奉還《たいせいほうかん》を知った。〝言語《げんご》に絶《ぜつ》する〟激変《げきへん》である。*2

だが、渋沢青年は怯《ひる》まない。移《うつ》ろう権力《けんりょく》ではなく、民間《みんかん》に光《ひかり》を当て、創造《そうぞう》的《てき》に発展《はってん》する実業《じつぎょう》の道を切《き》り開いていった。五百社もの企業《きぎょう》を生み育《そだ》て、六百を超《こ》えるともいわれる社会貢献《こうけん》の事業《じぎょう》を押《お》し広げたのである。

中国からの信頼《しんらい》もまことに深かった。私が対談《たいだん》した華中師範《かちゅうしはん》大学の章開沅《しょうかいげん》元学長も、「渋沢研究《けんきゅう》」を進めてこられた。

この日本の誇《ほこ》る巨人《きょじん》が後輩《こうはい》に一貫《いっかん》して訴《うった》えたことは何か。

それは、「勇気《ゆうき》」である。「逆境《ぎゃっきょう》に処《しょ》しては、断《だん》じて行え」*3という不屈《ふくつ》の勇気であった。

埼玉は中小企業が九十九パーセントを占《し》めると伺《うかが》っている。昨今《さっこん》のご苦労《くろう》が察《さっ》せられてならない。

私自身、戦後《せんご》まもなく、日本経済の激震《げきしん》を味《あじ》わった。私がお仕《つか》えする師匠《ししょう》の事業《じぎょう》も窮地《きゅうち》に追《お》い込《こ》まれ、死《し》に物狂《ものぐる》いで奔走《ほんそう》する日々《ひび》が続いた。二十二歳の頃である。打開《だかい》のため、大宮《おおみや》方面にも何度も足《あし》を運《はこ》んだ。悪戦苦闘《あくせんくとう》のさなか、荒川沿《あらかわぞ》いの土手《どて》で、師と満天《まんてん》の星を仰《あお》いで語《かた》り合ったことも、忘《わす》れ得《え》ぬ思い出である。

「やりにくいところで、うんと苦労《くろう》し、力《ちから》を出《だ》し切《き》ってこそ、人間も偉大《いだい》になれる」

恩師《おんし》の励《はげ》ましが今も蘇《よみがえ》る。この時、絶体絶命《ぜったいぜつめい》の苦境《くきょう》を乗《の》り切った歴史《れきし》が、師と私の新《あら》たな飛躍《ひやく》への力となった。

仏法では「変毒為薬《へんどくいやく》（毒を変じて薬と為《な》す）」という哲理《てつり》がある。「マイナス」の事態《じたい》に勇敢《ゆうかん》に立ち向《む》かって、大いなる「プラス」の価値《かち》を創造《そうぞう》していく生《い》き方である。

久喜《くき》市に生まれた、林学《りんがく》のパイオニア本多静六博士《ほんだせいろくはかせ》は、苦難《くなん》にも朗《ほが》らかに語《かた》られた。

「人は誰《だれ》でも宇宙《うちゅう》という大生命《だいせいめい》から派生《はせい》せられた永劫《えいごう》の生命をもち、その生命力、すなわち活力《かつりょく》は実《じつ》に偉大《いだい》なものである」*4

いわんや、青年の生命力に勝《まさ》るものはない。ここにこそ、汲《く》めども尽《つ》きぬ、最《もっと》も確《たし》かな持続可能《じぞくかのう》なエネルギーがある。

埼玉は、文化やスポーツでも若者《わかもの》を惹《ひ》きつけてやまぬ青年の都《みやこ》である。四《し》半世紀《はんせいき》ほど前、川口《かわぐち》の芝《しば》スポーツセンターや所沢《ところざわ》の西武球場《せいぶきゅうじょう》（現・西武ドーム）等で、わが埼玉の青年が繰《く》り広げた、見事《みごと》な平和と文化の祭典《さいてん》も、心から離《はな》れない。

近年《きんねん》も、私の知るアメリカやブラジルなどの青年が、埼玉の青年たちと交《こう》流《りゅう》して、その連帯《れんたい》の力《ちから》に感嘆《かんたん》していた。青年の躍動《やくどう》する活力と新鮮《しんせん》な発想《はっそう》で、埼玉が明るく元気な日本へとリードしてほしい。

「女性の世紀《せいき》」「生命尊厳《そんげん》の世紀」を開いた先駆者《せんくしゃ》たちも、埼玉は輩出《はいしゅつ》している。日本で初の公認《こうにん》の女性医師《いし》として献身《けんしん》した荻野吟子《おぎのぎんこ》さんは、熊谷《くまがや》市の出身《しゅっしん》である。

上里《かみさと》町に育《そだ》った西崎《にしざき》キクさんは、日本で最初の女性の水上飛行機《すいじょうひこうき》の操縦士《そうじゅうし》だ。日本海の横断《おうだん》飛行にも成功《せいこう》し、郷土《きょうど》の本庄《ほんじょう》市の空《そら》も飛《と》んだ。ところが、その平和の翼《つばさ》を、戦争の暗雲《あんうん》に奪《うば》われてしまった。それでも絶対《ぜったい》に屈《くっ》しない。その後、教育、農業《のうぎょう》、女性の社会参加など、不朽《ふきゅう》の足跡《そくせき》を残《のこ》した。

彼女の心意気《こころいき》は「井《い》の蛙《かわず》でなく、技術知識《ぎじゅつちしき》を広くもとめて、たゆまず努力《どりょく》」であった。*5

学び、努力することは、心の翼を広げ、鍛《きた》えることだ。この翼があれば、どんな変化《へんか》の乱気流《らんきりゅう》にも決して負《ま》けない。

幸福《こうふく》を決めるのは自分の心

埼玉は、加須《かぞ》市の日本一大きい「鯉《こい》のぼり」、春日部《かすかべ》市（庄和《しょうわ》）の「百畳敷《ひゃくじょうじき》の大凧《おおだこ》」、さらに川口《かわぐち》市の「鋳物《いもの》」など、伝統工芸《でんとうこうげい》の技《わざ》が多彩《たさい》に光る。ほうれん草《そう》、小松菜《こまつな》は、日本一を競《きそ》う生産量《せいさんりょう》を誇《ほこ》り、独自《どくじ》のブランド米《まい》も皆から愛されている。懐《なつ》かしい狭山《さやま》の茶畑《ちゃばたけ》は、そろそろ一番茶《いちばんちゃ》の出荷《しゅっか》を迎《むか》える頃だろうか。

かつて、ロシアの大文豪《だいぶんごう》ショーロホフ氏が来日した折《おり》、「日本の農村《のうそん》の生活を見せてもらいたい」といって訪《おとず》れたのが、富士見《ふじみ》市であった（一九六六年五月）。輝《かがや》く麦畑《むぎばたけ》が広がる農家《のうか》を視察《しさつ》した様子《ようす》は、当時の埼玉新聞に生《い》き生きと報《ほう》じられている。

その八年後（一九七四年）、モスクワのご自宅《じたく》に私がお招《まね》きいただいた折も、

ショーロホフ氏と会見（1974.9　ロシア・モスクワ）

氏は埼玉をはじめ日本で受けた真心《まごころ》の歓待《かんたい》を大切《たいせつ》な宝《たから》とされていた。

苦労人《くろうにん》の大作家《だいさっか》は言われた。

「我々は皆『幸福《こうふく》の鍛冶屋《かじや》』ですよ。精神的《せいしんてき》に強い人は、どんな運命《うんめい》の転《てん》回《かい》にも、影響《えいきょう》を与《あた》えられるものです」

幸福を決めるのは、運命ではない。自分自身の心である。


もう六十年近く前になるが、私が川越《かわごえ》の親《した》しき友と学び合った仏典《ぶってん》の金言《きんげん》に「月月《つきづき》・日日《ひび》につより給《たま》へ」とある。

一日一日、少しもたゆむ心なく、人々の幸福のため、社会の繁栄《はんえい》のため、働《はたら》き続けてきた埼玉の尊《とうと》き友人たちこそ、私の何よりの誇《ほこ》りである。

町工場で汗《あせ》を流《なが》し、また、田畑《たはた》で土《つち》まみれになりながら、懸命《けんめい》に立派《りっぱ》な「彩《さい》の国《くに》」を創《つく》り上げてきた、この偉大《いだい》な父母たちの後《うし》ろ姿《すがた》に、今、青年が力強《ちからづよ》く続いてくれている。

埼玉は、年間《ねんかん》の快晴《かいせい》の日数《にっすう》が日本一。太陽も埼玉の味方《みかた》だ。埼玉の「玉」は、「光《ひかり》の玉」すなわち「太陽」である。

かの渋沢翁《しぶさわおう》は語《かた》った。

「世《よ》に至誠《しせい》ほど、偉力《いりょく》あるものはない」*3

愛する埼玉の友には、この「誠《まこと》の心」が熱く脈打《みゃくう》っている。変化《へんか》の時代だからこそ、埼玉の人間力が光る。ここに「太陽の宝土《ほうど》」の光彩《こうさい》がある。

私は父母たちと祈《いの》りたい。わが埼玉の青年たちが太陽と燃《も》えて、ふるさと埼玉を照《て》らし、そして未来《みらい》を赫々《かっかく》と照らしゆくことを！

（埼玉新聞　2010年4月6日）

*1　『子規全集2』講談社
*2　『雨夜譚——渋沢栄一自伝』岩波書店、参照
*3　渋沢青淵記念財団竜門社編『渋沢栄一訓言集』国書刊行会
*4　池田光編『本多静六　一日一話』PHP研究所
*5　西みさき著『紅翼と拓魂の記』、引用・参照

「人材の先進県」福井の光

福井の天地《てんち》は、四季《しき》折々《おりおり》に詩情豊《しじようゆた》かである。

一九七三年の六月、私は歴史学者《れきしがくしや》トインビー博士《はかせ》との対談《たいだん》を終えて帰国《きこく》後《ご》、福井県を訪《おとず》れた。花と緑の大地《だいち》も、金波《きんぱ》また銀波《ぎんぱ》の海原《うなばら》も、明るく誠実《せいじつ》な人々の心も、清々《すがすが》しく光っていた。

思えば『源氏物語《げんじものがたり》』を綴《つづ》った紫式部《むらさきしきぶ》は、越前守《えちぜんのかみ》として赴任《ふにん》した父とともに一年余《よ》を過《す》ごした。世界最古《さいこ》の長編《ちようへん》小説の作者の若き命《いのち》に、福井の春夏秋冬《しゆんかしゆうとう》の絵巻《えまき》は深く刻《きざ》まれていたのである。『源氏物語』は、トインビー博士も、

2005.2　東京

最《もっと》も感銘《かんめい》した日本文学と語《かた》られていたことが懐《なつ》かしい。

博士《はかせ》との対談《たいだん》は、一九七二年から二年越《ご》し、のべ四十時間に及《およ》んだ。ロンドンの博士のご自宅《じたく》で、テーマは「人生と社会」「政治と世界」「哲学《てつがく》と宗教《しゅうきょう》」を柱《はしら》に多岐《たき》にわたった。

人類《じんるい》の生存《せいぞん》を脅《おびや》かす諸悪《しょあく》と、いかに対決《たいけつ》し、克服《こくふく》していくか。その打開《だかい》の力《ちから》は人間自身の心の変革《へんかく》から生まれると、博士と私は一致《いっち》した。

〝苦悩《くのう》から学べ！〟[*1]〝困難《こんなん》は人間の驚《おどろ》くべき勇気《ゆうき》と忍耐力《にんたいりょく》を呼《よ》び覚《さ》ます〟[*2]

――博士の遠大《えんだい》な歴史《れきし》観《かん》を貫《つらぬ》く信条《しんじょう》である。博士の思想《しそう》は、受け身を嫌《きら》う。いかなる逆境《ぎゃっきょう》にも災難《さいなん》にも打《う》ち勝《か》ち、自分たちの世界をより良く変革していくところに、人間の創造的《そうぞうてき》な生《い》き甲斐《がい》を見い出されていた。

それは、まさしく「不死鳥《ふしちょう》・福井」が体現《たいげん》してこられた歴史といってよい。福井県は、豪雨《ごうう》や豪雪《ごうせつ》、大地震《だいじしん》や大火《たいか》など、幾多《いくた》の災害《さいがい》を勇敢《ゆうかん》に乗《の》り越《こ》えてこられた。そして「住《す》みやすさ日本一」と謳《うた》われる国土《こくど》を築《きず》き上げられた。

この不屈《ふくつ》の勝利《しょうり》の足跡《そくせき》は、苦難《くなん》と戦《たたか》う世界の人々の希望《きぼう》と輝《かがや》くことを、私は確信《かくしん》してやまない。

トインビー博士《はかせ》が福井県の敦賀《つるが》を訪問《ほうもん》されたのは、一九三〇年のことであった。

博士の着眼《ちゃくがん》は鋭《するど》い。日本の漁業《ぎょぎょう》を「世界の先駆者《せんくしゃ》」と讃《たた》え、在《あ》るものを獲《と》るだけではなく、新しく創《つく》りゆく養殖《ようしょく》の意義《いぎ》を評価《ひょうか》されていた。*3 今日の若狭《わかさ》湾《わん》での養殖の隆盛《りゅうせい》をご覧《らん》になれば、博士はさぞかし喜《よろこ》ばれたに違《ちが》いない。

じつは、博士と私にには、福井県出身《しゅっしん》の共通の友人がいた。国際政治学者の若泉敬《わかいずみけい》先生である。その世界観《かん》、国家観、人間観はまことに深く、物事《ものごと》の真相《しんそう》を明快《めいかい》に追究《ついきゅう》しながら、一つ一つ正確に洞察《どうさつ》される大学者《だいがくしゃ》であった。

若泉先生と私は、青春《せいしゅん》の日に大空襲《だいくうしゅう》に遭《あ》い、平和への誓《ちか》いを固《かた》めた世代である。あの沖縄返還《おきなわへんかん》の際《さい》にも、世界に広い交友《こうゆう》を持つ先生の信念《しんねん》の行動《こうどう》が歴《れき》史的《してき》な橋渡《はしわた》しを果《は》たされた。

若泉《わかいずみ》先生も敬愛《けいあい》された幕末《ばくまつ》の先覚者《せんかくしゃ》・橋本左内《はしもとさない》は、福井藩校《はんこう》の改革《かいかく》のため、「人材《じんざい》を知ること」「人材を養成《ようせい》すること」「人材を完成《かんせい》すること」「人材を挙《きょ》用《よう》すること」を訴《うった》えた。*4 その精神《せいしん》を受け継《つ》がれる福井は、今、子育《こそだ》てが充実《じゅうじつ》し、教育立県《りっけん》の誉《ほま》れも高い。少子化《しょうしか》に悩《なや》む日本の社会に、明るい展望《てんぼう》をもたらす存在《そんざい》である。

福井新聞の〝団塊《だんかい》ジュニア〟の連載《れんさい》記事には、「福井は最高」との郷土《きょうど》への誇《ほこ》りや、「僕《ぼく》らが福井を変《か》える」という連帯《れんたい》の情熱《じょうねつ》が躍動《やくどう》している。「人材の先進県」福井の四季《しき》が、一段《いちだん》と光彩《こうさい》を増《ま》し、未来《みらい》を照《て》らしゆく時代が到来《とうらい》したことを実感《じっかん》するのは、私一人《ひとり》ではあるまい。

（福井新聞　2008年6月1日）

*1　A・J・トインビー、G・R・アーバン著『対話　歴史と現代・未来』山口光朔訳、社会思想社、参照

*2　「オクサスとジャムナのあいだ」安田章一郎訳、『トインビー著作集7』所収、社会思想社、参照

*3　A・J・トインビー著、松岡紀雄編『日本の活路』国際PHP研究所、参照

*4　『啓発録』伴五十嗣郎全訳注、講談社、参照

神戸から「生命の輝《かがや》き」を

「私たちは何を求めているのでしょうか*1」――。こう問《と》いを発《はっ》せられたのは、私も交友《こうゆう》を結《むす》ばせていただいた巨匠《きよしよう》・東山魁夷《ひがしやまかいい》画伯《がはく》である。

画伯は自《みずか》ら、答えを出された。「やはり生命の輝きを求めているのではないでしょうか*1」と。

東山画伯が、この「生命の輝き」の探求《たんきゆう》を開始《かいし》されたのは、青春《せいしゆん》の故郷《こきよう》・神戸《こうべ》である。オーストリアと交流《こうりゆう》を重《かさ》ねた画伯も、今回の「華麗《かれい》なるオーストリア大宮殿展《だいきゆうでんてん》」（二〇一〇年三月一日～二十八日、関西国際文化センター）の開催《かいさい》を喜《よろこ》んでくださるであろう。

名門《めいもん》の王朝《おうちょう》ハプスブルク家《け》は、十三世紀《せいき》から七百年にわたり栄《さか》え、全欧州《ぜんおうしゅう》に影響《えいきょう》を及《およ》ぼした。いわば、今日の欧州統合《とうごう》の原型《げんけい》を築《きず》いた。

その歴史《れきし》は、関西の誇《ほこ》る宝塚歌劇《たからづかかげき》の胸躍《むねおど》る舞台《ぶたい》を通《とお》し、広く親《した》しまれてきたところでもある。

その都《みやこ》ウィーンには、なぜ絢爛《けんらん》たる文化が咲《さ》き薫《かお》ったのか。要因《よういん》として「寛容《かんよう》の心」が挙《あ》げられる。異《こと》なる文化を尊重《そんちょう》し、積極的《せっきょくてき》に学び、新しい価値《かち》を創造《そうぞう》する息吹《いぶき》だ。

それは、国際都市・神戸《こうべ》に脈打《みゃくう》つ開かれた進取《しんしゅ》の心と、何とゆかしく響《ひび》き合っていることか。神戸に花開《はなひら》いたコーヒーや洋菓子《ようがし》の文化なども、ウィーンと縁《えにし》が深い。

「竪琴《たてごと》は剣《けん》よりも強し」を家訓《かくん》の一つとするハプスブルク家は、民族《みんぞく》の違《ちが》

1989.5　イギリス・タプローコート

いを超《こ》えて、芸術家や工芸家《こうげいか》などを大いに擁護《ようご》し、宣揚《せんよう》してきた。一八七三年のウィーン万博《ばんぱく》では、「有馬《ありま》の竹細工《たけざいく》」や「淡路焼《あわじやき》」、さらに「酒」「酢《す》」など、兵庫の匠《たくみ》の名品《めいひん》が高く評価《ひょうか》され、表彰《ひょうしょう》された。

「生命の輝《かがや》き」は、多様《たよう》な文化との出合いによって、光彩《こうさい》を増《ま》す。

王室《おうしつ》の人々も、職人《しょくにん》の技術《ぎじゅつ》を一つ習得《しゅうとく》する伝統《でんとう》があったという。大宮殿展《だいきゅうでんてん》には、花を愛し園芸《えんげい》を身《み》につけた皇帝《こうてい》が使ったシャベル、また王女が自《みずか》ら花模様《もよう》を刺繍《ししゅう》したという椅子《いす》も出品《しゅっぴん》されている。

「我々は我々自身と我々の生活とを作るのである。すべての生活者は芸術家である」*2とは、たつの市出身《しゅっしん》の哲学者《てつがくしゃ》・三木清《みききよし》先生の名言《めいげん》である。

知恵《ちえ》と工夫《くふう》で、小さな我が家《や》も喜《よろこ》びの宮殿に変《か》わる。真《しん》の文化は、人に生《い》きる希望《きぼう》を贈《おく》る力《ちから》であろう。

オーストリアの近代化《きんだいか》を成《な》し遂《と》げた女帝《じょてい》マリア・テレジアは十六人の子の

母でもある。外圧《がいあつ》の戦争《せんそう》など、逆境《ぎゃっきょう》の連続《れんぞく》であった。しかし、母は断《だん》じて負《ま》けなかった。無名《むめい》の若き人材《じんざい》を抜擢《ばってき》して改革《かいかく》を進め、堂々《どうどう》たる繁栄《はんえい》の道を開いた。

試練《しれん》の冬に鍛《きた》え抜《ぬ》かれた心こそが、荘厳《そうごん》な「生命の輝《かがや》き」を放《はな》つ。尼崎《あまがさき》ゆかりの劇作家《げきさっか》・近松門左衛門《ちかまつもんざえもん》は、「全宇宙《ぜんうちゅう》は一心に含《ふく》まれる」[*3]と一人《ひとり》の人間の偉大《いだい》な可能性《かのうせい》を謳《うた》った。

私の胸《むね》には、阪神《はんしん》・淡路大震災《あわじだいしんさい》の折《おり》、懸命《けんめい》に皆を励《はげ》まし続けたお母さん方や、バイクに乗《の》って救援物資《きゅうえんぶっし》を配《くば》った青年たちの英姿《えいし》が刻《きざ》まれて離《はな》れることはない。その後《うし》ろ姿《すがた》を幼《おさな》き命《いのち》に焼《や》きつけた世代も成長《せいちょう》して、今、社会への貢《こう》献《けん》を開始《かいし》している。

文化の都《みやこ》ウィーンで語《かた》り継《つ》がれてきた格言《かくげん》がある。「われも生《い》き、他人《ひと》をも生かしめよ」[*4]と。これは、未曽有《みぞう》の災害《さいがい》に立ち向かい、皆で力《ちから》を合わせ、復興《ふっこう》を果《は》たしてこられた「神戸《こうべ》の心」ともいえまいか。

誇《ほこ》らかに「文化創生《そうせい》都市」を宣言《せんげん》された神戸《こうべ》には、世界を友とする共生《きょうせい》の心があり、苦難《くなん》を恐《おそ》れぬ勇気《ゆうき》がある。多彩《たさい》な人材《じんざい》が育《そだ》ち、人情味《にんじょうみ》豊《ゆた》かな庶民《しょみん》の連帯《れんたい》が光る。

大震災《だいしんさい》より十五年。神戸という文化の大宮殿《だいきゅうでん》から「生命の輝《かがや》き」が、はつらつと広がりゆく春が来た。

（神戸新聞　2010年2月22日）

＊1　東山魁夷著『美と遍歴』芸術新聞社
＊2　『三木清全集14』岩波書店、現代表記に改めた
＊3　「用明天皇職人鑑」鳥越文蔵校注・訳、『近松門左衛門集3』所収、小学館
＊4　『ツヴァイク全集21　時代と世界』猿田悳訳、みすず書房

第二章　青年と教育

若き心に　励《はげ》ましの太陽を

教育は、人生の幸福《こうふく》と勝利《しょうり》の光《ひかり》である。

ゆえに教育こそ、最極《さいごく》の聖業《せいぎょう》なりと、私は信ずる。

明治の半《なか》ば、讃岐《さぬき》の冬の夜道《よみち》を急《いそ》ぐ母子がいた。困難《こんなん》な問題の渦中《かちゅう》であった。その打開《だかい》に母は奔走《ほんそう》した。

「お母さん！　お月さんが一緒《いっしょ》に歩いている」

背《せ》に負《お》われた幼子《おさなご》が声をあげると、母は言った。

「お月さんも私達を守《まも》っていてくれます。天には『見る目・聴《き》く耳』というのがあって、私どものすること言うことは、誰一人《だれひとり》知るまいと思うても、ちゃんと知っていて下さる」

今の東かがわ市出身《しゅっしん》の大教育者・南原繁博士《なんばらしげるはかせ》が、幼少期《ようしょうき》を偲《しの》んだ回想《かいそう》である。*1

冬の月光《げっこう》のごとく、強く賢《かしこ》き母の人生哲学《てつがく》を胸《むね》に抱《いだ》いて、博士は戦後《せんご》の日本の教育界を照《て》らしていかれた。

「人間は教育によってつくられる*1」とは、博士の信念《しんねん》である。終生《しゅうせい》、小学校の恩師《おんし》への感謝《かんしゃ》を語《かた》られた。

「実《じつ》に愛情《あいじょう》をもって教《おし》えてくれた。私の今日あるのは、ある意味において、この先生のおかげだと思う*1」

私も、お世話《せわ》になった小学校の先生方の着物《きもの》の色《いろ》まで、今なお鮮《あざ》やかに蘇《よみがえ》る。

四国に輝《かがや》く教育実践《じっせん》

高松市に全国各地から先生方が集《つど》われ、人間教育の「実践報告大会《ほうこく》」が活発《かっぱつ》に行われる（二〇〇九年十一月二十九日）。テーマは「子どもたちに夢《ゆめ》を！――学びあう心　励《はげ》ましの心　結《むす》びあう心」である。

二十五年前（一九八四年）、私は友人の先生方に、教育現場《げんば》での実践記録《きろく》の作成《さくせい》を提案《ていあん》させていただいた。以来《いらい》、子どもの幸福《こうふく》を願《ねが》う教育者の慈愛《じあい》と奮闘《ふんとう》の結晶《けっしょう》である実践記録は、三万五千事例《じれい》を数《かぞ》える。感動《かんどう》の報告を伺《うかが》って確信《かくしん》するのは、「どの子も無限《むげん》の可能性《かのうせい》を秘《ひ》めている。その宝《たから》の生命を輝かせるのは、大人《おとな》の真剣勝負《しんけんしょうぶ》の関《かか》わりだ」という一点である。

私が知る、香川《かがわ》の女性教育者の原点《げんてん》は、小学五年生で父を亡《な》くした時、毎日の「れんらく帳《ちょう》」の余白《よはく》いっぱいに書き贈《おく》ってくれた、担任教師《たんにんきょうし》の「負《ま》けるな！」との励《はげ》ましだったという。苦学《くがく》して今、小学校の教壇《きょうだん》に立ち、恩返《おんがえ》しの心で「励ましの太陽」と輝《かがや》いている。

同じく香川《かがわ》で、不登校《ふとうこう》の中学生に関《かか》わった先生は、悩《なや》んだ末《すえ》に気づいた。「生徒《せいと》ではない。まず自分が変《か》わることだ。生徒の気持ちがわかってあげられる人間になりたい」

生徒は少しずつ心を開き、やがて通学《つうがく》できるようになった。心が心を変える。自《みずか》らの深き一念《いちねん》こそが最高最善《さいぜん》の教育の環境《かんきょう》を開く。

日米中韓の四カ国の中高生の比較調査《ひかくちょうさ》では、残念《ざんねん》ながら日本は「自分をダメな人間だと思う」比率《ひりつ》が高い。*2

いかに暗《くら》い闇《やみ》も、朝日《あさひ》が昇《のぼ》れば消《き》え去《さ》る。教育は、若き心に学ぶ喜《よろこ》びを広げ、「やればできる」との誇《ほこ》りを贈《おく》る。ここに、人間の尊厳《そんげん》を高めゆく旭光《きょっこう》がある。

アメリカの人権《じんけん》の母ローザ・パークスさんも語《かた》られた。

ローザ・パークス女史を歓迎（1993.1　アメリカ・ロサンゼルス近郊）

「だれもが、世の中に貢献《こうけん》できるような能力《のうりょく》や才能《さいのう》を何かしらもっている」*3「私は、すべての子供に、自分の可能性《かのうせい》を最高に引き伸《の》ばしてほしいと思っています」*3と。

とくに今は、ほめて伸ばす。そして自信《じしん》を持たせる時代ではないだろうか。

香川《かがわ》は教育力のモデル

四国《しこく》は四方《しほう》に開かれた世界市民の宝土《ほうど》である。咸臨丸《かんりんまる》の太平洋渡航《たいへいようとこう》を成《な》し遂《と》げたのも、勇敢《ゆうかん》な塩飽《しわく》の先人《せんじん》だ。いにしえより難所《なんしょ》の海で鍛《きた》えた操船《そうせん》の英《えい》知《ち》の継承《けいしょう》は、地域の教育力の模範《もはん》である。

香川県では、花の栽培《さいばい》や活用《かつよう》を通して学び合う「花育《はないく》」、生徒《せいと》が自分で弁《べん》当《とう》を作り、食《しょく》や家《か》族《ぞく》の大切《たいせつ》さを考える「弁当の日」など、人づくりへの進取《しんしゅ》の挑戦《ちょうせん》が生き生《い》きと広がっている。

青年の「生命を愛する力《ちから》」「未来《みらい》を信ずる力」を伸《の》ばせば、平和社会の建《けん》設《せつ》は進む。海図《かいず》なき現代を照《て》らす希望《きぼう》の光《ひかり》が、教育立県《りつけん》・香川《かがわ》にはある。その光よ、世界に輝《かがや》けと、私は祈《いの》りたい。

(四國新聞　２００９年11月29日)

＊１　『わが歩みし道　南原繁』同編集刊行委員会編、東京大学出版会、引用・参照
＊２　財団法人・日本青少年研究所の調査。「朝日新聞」２００９年４月５日付
＊３　『ローザ・パークスの青春対話』高橋朋子訳、潮出版社

一人の行動が　世界を変える

青春《せいしゅん》に恐《おそ》れるものなし。

勇気《ゆうき》で前へ！　勝利《しょうり》のために。

新しき一年を希望《きぼう》に燃《も》えてスタートする、敬愛《けいあい》する若き友に贈《おく》る言葉《ことば》を、少々、綴《つづ》らせていただきます。


夜空《よぞら》の星が美しい季節《きせつ》です。そこで、まず大空《おおぞら》に心を広げてみましょう。

埼玉県出身《しゅっしん》の宇宙飛行士《うちゅうひこうし》・若田光一《わかたこういち》さんのことは、皆さんもよくご存《ぞん》じでしょう。

私も、世界の宇宙飛行士《うちゅうひこうし》の方々と交流《こうりゅう》を重《かさ》ねてきました。世界で初めて、女性として宇宙へ飛《と》び立ったロシアのテレシコワさんも、その一人《ひとり》です。

一九六三年の六月、彼女が宇宙から地球《ちきゅう》に送《おく》った第一声《だいいっせい》は、まことに有名《ゆうめい》です。「私はカモメ！」「ああ地球だ……。何という美しさでしょう！」

第二次世界大戦で父親を亡《な》くした彼女は、工場で働《はたら》く母の手で育《そだ》てられました。彼女も、十七歳からタイヤ工場で働き始めております。そこから、宇宙飛行士を志願《しがん》して、猛勉強《もうべんきょう》、猛訓練《くんれん》を続けていったのです。

彼女は清々《すがすが》しい微笑《ほほえ》みを浮《う》かべながら、自《みずか》らの信条《しんじょう》を語《かた》っています。

「人間は、ひとたび何かを心の底《そこ》からやり遂《と》げようと思い、夢《ゆめ》に向《む》かって全身全霊《ぜんしんぜんれい》でぶつかっていけば、必《かなら》ず実現《じつげん》できると信じています」

また私は、十度の宇宙遊泳《ゆうえい》の経験《けいけん》を持つロシアのセレブロフさんとも、対《たい》談集《だんしゅう》を出版《しゅっぱん》しました。創価大学での講演《こうえん》で、彼の語った言葉《ことば》が、心に深く残《のこ》っています。

「我々は、宇宙《うちゅう》から見れば、とても小さな地球《ちきゅう》という宇宙船《せん》で宇宙を旅《たび》しているようなものです」「今こそ、我々は『地球は人類共通《じんるいきょうつう》の家』という『宇宙の哲学《てつがく》』を打ち立てる時代に入りました」と。

ちっぽけな地球で、人間同士《どうし》が、いがみ合っている時代は、もう終わったというのです。

アメリカの宇宙飛行士《ひこうし》の方々も、まったく同様《どうよう》のことを言われていました。

さらに、この大宇宙に人間と同じ知的《ちてき》生命が存在《そんざい》することを推論《すいろん》する科学者《かがくしゃ》も少なくありません。

私が青春《せいしゅん》時代に愛読《あいどく》した、埼玉ゆかりの文学者《ぶんがくしゃ》・国木田独歩《くにきだどっぽ》は謳《うた》いました。

「吾《わ》れ星の如《ごと》く宇宙に立つ」[*1]と。

若き皆さん方は、一人《ひとり》ひとりが、このくらいの気概《きがい》で、二十一世紀《せいき》の天空《てんくう》に、自分らしく「希望《きぼう》の光」を、「平和の光」を、「正義《せいぎ》の光」を、思う存分《ぞんぶん》

1996.1　埼玉

に放《はな》っていただきたい。きら星のごとき存在《そんざい》となっていただきたいのです。

ところで、実際《じっさい》に、海外《かいがい》の国々や宇宙《うちゅう》へ行かなくても、自由自在《じゆうじざい》に楽しい旅《たび》ができる方法が一つあります。

それは、何でしょうか？

そうです。「読書《どくしょ》」です！

私たち夫婦《ふうふ》が友情《ゆうじょう》を結《むす》んできたアメリカの人権《じんけん》の母ローザ・パークスさんも、青少年《せいしょうねん》に読書を勧《すす》めておられました。

「本は、忘《わす》れられない心の旅をさせてくれます。読書することにより、全《ぜん》人類《じんるい》をより良《よ》い人間にするための多くの可能性《かのうせい》に満《み》ちた新世界《しんせかい》への扉《とびら》を開くことができるのです」*2

現代は、テレビ等の映像《えいぞう》文化が発達《はったつ》する一方で、「活字離《かつじばな》れ」も深刻《しんこく》です。便利《べんり》な社会になったが、スピードの速《はや》い映像や次々と押《お》し寄《よ》せる情報《じょうほう》は、感《かん》性《せい》には訴《うった》えるが、考えるいとまを与《あた》えない。どうしても受け身になり、豊《ゆた》かな想像力《そうぞうりょく》も、考える力《ちから》も生まれにくい。これが、私が対話《たいわ》してきた世界の識《しき》者《しゃ》の一致《いっち》した結論《けつろん》です。

良書《りょうしょ》には、汲《く》めども尽《つ》きない人類《じんるい》の智慧《ちえ》と知《ち》的遺産《てきいさん》が蓄《たくわ》えられています。人生の勝利《しょうり》の哲学《てつがく》が凝結《ぎょうけつ》しています。青春《せいしゅん》時代に、その精神《せいしん》の財宝《ざいほう》をつかんでおかないと一生《いっしょう》の悔《く》いを残《のこ》してしまう。名著《めいちょ》との出合いによって、皆さん方の心の大地《だいち》が深く耕《たがや》され、新しい自分へと生まれ変《か》わっていくことは間違《まちが》いありません。

「人間としての基本力《きほんりょく》」を錬磨《れんま》する

私は、「何のため」という問《と》いかけが好《す》きです。「何のために」勉強《べんきょう》し、「何のために」苦労《くろう》し、「何のために」生《い》きるのか——。

この問《と》いかけは、自分の将来《しょうらい》の夢《ゆめ》を考える上でも大事《だいじ》です。自分のためだけの夢であれば、単《たん》なるエゴやわがままで、むなしく終わってしまうからです。それでは、侘《わび》しい人生です。

「人のため」「父母のため」「社会のため」「正義《せいぎ》のため」「平和のため」——この延長線上《えんちょうせんじょう》につくり上げていく夢が、本当の偉大《いだい》な夢なのです。

じつは、本当の「自分らしさ」というものも、そこから発揮《はっき》されていくものです。「自分らしさ」とは、他《た》を顧《かえり》みないということではありません。

むしろ、他者《たしゃ》と生《い》き生きと関《かか》わってこそ自分の長所《ちょうしょ》も短所《たんしょ》も見えてくる。自分ならではの「個性《こせい》」が、より鮮烈《せんれつ》に輝《かがや》いていきます。そこにこそ、向上《こうじょう》する人間としての喜《よろこ》びや充実《じゅうじつ》、そして生きがいの価値《かち》が、ダイヤモンドのごとく光っていくものです。

今や、「IT《アイティー》（情報技術《じょうほうぎじゅつ》）革命《かくめい》」と「グローバル化（地球一体化《ちきゅういったいか》）」の時代です。

コンピューターを通《つう》じて、世界中の情報《じょうほう》をリアルタイムで手に入れることもできるし、世界中の人々と瞬時《しゅんじ》に交信《こうしん》もできるようになりました。まことに画期的《かっきてき》な時代が到来《とうらい》しました。

ただし、その〝負《ふ》〟の側面《そくめん》として、人と直接会《ちょくせつ》わなくとも、コミュニケーションがとれることから、「顔の見えない社会」が急速《きゅうそく》に広がっていると指《し》摘《てき》されています。また、悪質《あくしつ》な嘘《うそ》や人権侵害《じんけんしんがい》の情報も氾濫《はんらん》している。

最近、凶悪《きょうあく》な犯罪《はんざい》が続発《ぞくはつ》し、殺伐《さつばつ》とした社会の風潮《ふうちょう》が感じられるのも、そのことと決して無縁《むえん》ではないでしょう。

かけがえのない皆さんは、この危険《きけん》な〝落《お》とし穴《あな》〟にはまってはならない。両親《りょうしん》や縁《えん》する人々を悲《かな》しませることだけは、絶対《ぜったい》にあってはなりません。

乱《みだ》れた世の中であるからこそ、自分自身が賢《かしこ》く強くなっていくことです。愚《おろ》かでは不幸《ふこう》です。何も言えない臆病《おくびょう》では敗北《はいぼく》です。

イラン出身《しゅっしん》の著名《ちょめい》な平和学者《がくしゃ》であるテヘラニアン博士《はかせ》は、私との対談集《たいだんしゅう》の中で、こう論《ろん》じておられました。

「(私たちが迎《むか》えた)『新しい世界』とは、『コミュニケーションの回路《かいろ》はどんどん拡大《かくだい》しているにもかかわらず、対話《たいわ》そのものは切実《せつじつ》に不足《ふそく》している世界』のことです」

世界は最先端《さいせんたん》の技術《ぎじゅつ》でつながった。しかし、真《しん》に価値《かち》があり、実《みの》りがある対話がなされていない。物理的《ぶつりてき》な距離《きょり》は近づいてきた。しかし、心と心は遠《とお》ざかったままであるという嘆《なげ》きです。

技術が進歩《しんぽ》し、情報《じょうほう》が増大《ぞうだい》すればするほど、それを、人間の幸福《こうふく》のために、社会の平和のために、正《ただ》しく活用《かつよう》していく「智慧《ちえ》」と「哲学《てつがく》」が、いっそう重要《じゅうよう》になってきました。「人間としての基本《きほん》の力《ちから》」を錬磨《れんま》することが、ますます求められているのです。

それは、「読む力」「書く力」「考える力」です。「挑戦《ちょうせん》する力」「創造《そうぞう》

1981.6　カナダ・ナイアガラの滝

する力《ちから》」「忍耐《にんたい》の力」です。そして「人を思いやる力」「人を大切《たいせつ》にする力」「人に尽《つ》くす力」でもあります。

一人《ひとり》の人間を大切にする心

世界最高峰《さいこうほう》の経済学者《がくしゃ》で、ハーバード大学名誉教授のガルブレイス博士《はかせ》が、真剣《しんけん》な表情《ひょうじょう》で私に語《かた》られていたことを思い出します。

「根本的《こんぽんてき》な哲学《てつがく》として求められるのは、『すべての人間が平等《びょうどう》であり、地球《ちきゅう》上《じょう》、どこにいても、人間は同じ尊厳《そんげん》をもっている』という考えです。

つまり、アフリカの飢餓《きが》は、ボストンの街《まち》のなかで人が飢《う》えているのと同じ悲劇《ひげき》なのだという思想《しそう》です」

地球上のどんな悲惨《ひさん》な出来事《できごと》も、テレビのスイッチを切《き》ったら、目の前から消《き》えてしまう。現実に苦《くる》しんでいる人々がいることを、私たちの心の中で

〝国境《こっきょう》の向こうの出来事《できごと》〟として終わらせてしまってはならないと、博士《はかせ》は言うのです。

その意味において、「世界市民」という観点《かんてん》が、一段《いちだん》と求められています。その原点《げんてん》は、「一人《ひとり》の人間を大切《たいせつ》にする心」です。

それは、終戦前、一九四五年（昭和二十年）のある日の明け方のことでした。当時、十七歳であった私は、馬込《まごめ》（現在の大田区）の母方の叔母《おば》の家に疎開《そかい》していました。

アメリカの爆撃機《ばくげきき》B29が、高射砲《こうしゃほう》に撃たれて墜落《ついらく》し、落下傘《らっかさん》が二、三百メートル近くに落ちてきたのです。

まだ、あどけない表情《ひょうじょう》の若いアメリカ兵《へい》でした。その場に集《あつ》まった多くの日本人たちに囲《かこ》まれ、殴《なぐ》られ、蹴《け》られ、捕虜《ほりょ》になって、憲兵《けんぺい》に連行《れんこう》されていったというのです。

その痛《いた》ましい模様《もよう》を伝《つた》え聞いたとき、私の母は一言《ひとこと》、こう言いました。

「かわいそうに！　その人のお母さんは、どんなに心配《しんぱい》していることだろうね」

アメリカとの戦争中《せんそうちゅう》のことです。わが家も四人の兄を兵隊《へいたい》に取られ、家は空襲《くうしゅう》で焼《や》かれました。

しかし、敵《てき》のアメリカ人であろうと、誰《だれ》だろうと、母には関係なかった。本当の「母の心」「人間の心」は、一切《いっさい》を超《こ》えて広がっていく大きさがある。今、必要《ひつよう》なのは、どの国の人であろうと、わが友人、わが隣人《りんじん》と感ずることのできる「開かれた心」です。

世界のどこの国も民族《みんぞく》も、みな平等《びょうどう》であり、みな尊厳《そんげん》であります。

戦争中、日本の軍国主義《ぐんこくしゅぎ》と戦《たたか》い、獄死《ごくし》した信念《しんねん》の大教育者は、「郷土《きょうど》から世界を考える」という視点《してん》を提唱《ていしょう》していました。

自分の郷土という「今、生きる場所《ばしょ》」を、よく知り、大切《たいせつ》にしていくことを

1995.1　アメリカ・ハワイ

通《とお》して、「世界は全《すべ》てつながっている」ことを学んでいこうと教《おし》えたのです。「世界市民の心」といっても、それは、わが地域、そして近隣《きんりん》の国々《くにぐに》の人々と仲良《なかよ》くしていくところから出発《しゅっぱつ》します。

したがって「世界市民」というとき、私は、まず「アジア市民」としての自覚《じかく》が重要《じゅうよう》だと考えております。

「日本はアジアの国々に信頼《しんらい》されてこそ、真《しん》の平和の国と言える」とは、私の恩師《おんし》の教えでありました。

また、近所《きんじょ》の小さな林や、一本の木や、川辺《かわべ》の茂《しげ》みも、大自然《だいしぜん》の生態系《せいたいけい》をそのままに宿《やど》している「小宇宙《しょううちゅう》」といえます。その自然を大事《だいじ》にしていくことは、「地球《ちきゅう》とともに生《い》きる」という「共生《きょうせい》」の感覚《かんかく》への良《よ》き入《い》り口《ぐち》となるでしょう。

植樹《しょくじゅ》運動でノーベル平和賞を受賞《じゅしょう》されたケニアのワンガリ・マータイ博士《はかせ》は、環境《かんきょう》問題に取り組む淵源《えんげん》となった思い出を、私に語《かた》ってくれました。

――子どもの頃《ころ》、流《なが》れ星《ぼし》を見て、怖《こわ》くなって、母に聞いた。「空《そら》は落《お》ちてこないの？」

母は答えた。「お家《うち》の周《まわ》りの山には、大きな水牛《すいぎゅう》がいて、その大きな角《つの》が空を支《ささ》えているから、大丈夫《だいじょうぶ》！」

この譬《たと》え話《ばなし》から、幼《おさな》い彼女は、自《し》然《ぜん》が人間生活を助《たす》けてくれていることを教《おし》えられたというのです。

環境《かんきょう》を護《まも》る博士《はかせ》の戦《たたか》いは、厳《きび》しい試《し》練《れん》と迫害《はくがい》の連続《れんぞく》でした。しかし博士は、勇敢《ゆうかん》に忍耐《にんたい》強く、一本また一本と木を植《う》え続け、三十年間で三千万本もの植《しょく》樹《じゅ》を成《な》し遂《と》げていった。そして、愛する故郷《こきょう》のアフリカに、豊《ゆた》かな緑の大地《だいち》を広げていったのです。

博士が、息子《むすこ》さんを励《はげ》ました言葉《ことば》があります。

「人生に成功《せいこう》するか、それとも失敗《しっぱい》するかの違《ちが》いは、落《お》ち込《こ》んだときに、それでも立ち上がろうと思えるかどうかの違いなのです」と。

埼玉には、有名無名《ゆうめいむめい》を問《と》わず、偉大《いだい》な理想《りそう》を掲《かか》げて活躍《かつやく》してきた多くの郷土《きょうど》の先人《せんじん》がいます。その一人《ひとり》、明治時代の大実業家《だいじつぎょうか》・渋沢栄一翁《しぶさわえいいちおう》は、つねづね強調《きょうちょう》していました。

「人は消極的《しょうきょくてき》に悪事《あくじ》をなさぬというだけでは、物足《ものた》らないのである。積極《せっきょく》的《てき》に多く善事《ぜんじ》をなさねば、人たる価値《かち》はない」[*3]

「人は正義《せいぎ》のため、人道《じんどう》のため、努力《どりょく》する勇気《ゆうき》がなくてはならない」[*3]

私も、まったく同感《どうかん》です。

世の中には、「自分一人では何も変《か》えることはできない」という諦《あきら》めの風《ふう》潮《ちょう》があります。

そんなことはありません。君《きみ》が変われば、あなたが行動《こうどう》すれば、必《かなら》ず、周《しゅう》囲《い》に、そして世界に、大きな影響《えいきょう》を及《およ》ぼしていけるのです。

「一人の勇気の行動は、世界を変える」――このことを確信《かくしん》して、それぞれの夢《ゆめ》に向《む》かって力《ちから》いっぱい挑戦《ちょうせん》していってください。

結《むす》びに、若き皆さんに、「わが青春《せいしゅん》の喜《よろこ》びは、苦難《くなん》を乗《の》り越《こ》えることだ。北風《きたかぜ》に負《ま》けるな！　常《つね》に心に春を！」と贈《おく》ります。

（埼玉新聞　2006年1月17日）

＊1　『欺かざるの記（上）』塩田良平編、潮出版社
＊2　『ローザ・パークスの青春対話』高橋朋子訳、潮出版社
＊3　渋沢青淵記念財団竜門社編『渋沢栄一訓言集』国書刊行会

「正義」と「勇気」の一歩を

青春《せいしゅん》時代から折々《おりおり》に訪《おとず》れた「春の埼玉」は、いつも萌《も》え立つ生命の息吹《いぶき》が漲《みなぎ》っていた。

「今　春の日なり／春の日に生《い》きるなり／弱《よわ》つてはゐられぬなり」*1

「歓喜雀躍《かんきじゃくやく》して生きる事を／生命は我に命ずる也」*1

埼玉ゆかりの作家《さっか》・武者小路実篤《むしゃのこうじさねあつ》の一節《いっせつ》である。

埼玉には、尊《とうと》き生命を守るため、勇敢《ゆうかん》に行動《こうどう》してきた先人《せんじん》の歴史《れきし》が光っている。近代《きんだい》日本で最初の女性医師《いし》・荻野吟子《おぎのぎんこ》さんも、第二号の女性医師・生《いく》沢《さわ》クノさんも、ともに埼玉県の出身《しゅっしん》であった。

何が善《ぜん》で、何が悪《あく》か。正義《せいぎ》の定義《ていぎ》は、時代により、社会によって、様々《さまざま》かもしれない。

しかし、大歴史家《だいれきしか》トインビー博士《はかせ》と一致《いっち》したことがある。それは「生命の尊厳《そんげん》こそ普遍的《ふへんてき》、かつ絶対的《ぜったいてき》な基準《きじゅん》である」という一点である。

「世界子ども慈愛《じあい》センター」のベティ・ウィリアムズ会長（ノーベル平和賞受賞）は、一九七六年、紛争《ふんそう》の渦巻《うずま》く北アイルランドで決然《けつぜん》と立ち上がった。一人《ひとり》の母親の目の前で三人の子を一瞬《いっしゅん》にして奪《うば》った暴力《ぼうりょく》を、断《だん》じて許《ゆる》せなかったからだ。

彼女は、一人ひとりに平和を求める署名《しょめい》を呼《よ》びかけた。反対も脅《おど》しもあった。「無理《むり》だ」と躊躇《ちゅうちょ》する人もいた。

だが、女性たちは敵味方《てきみかた》を問《と》わず連帯《れんたい》し、ついに三万五千人もの「平和の大行進《だいこうしん》」を実現《じつげん》したのである。

その正義《せいぎ》の行動《こうどう》の支《ささ》えを尋《たず》ねると――

「強い意志《いし》です。自分の中にある確信《かくしん》について、『勇気《ゆうき》を持つ』ことが重要《じゅうよう》です。何事も、続けなければならない。誰《だれ》が何と言おうと、あきらめてはならないのです」と語《かた》られた。

「正義」と「勇気」は一体《いったい》である。勇気なくして正義はなく、正義なくして勇気もない。

ウィリアムズ会長は、お孫《まご》さんが学校でいじめられた時にも、こうアドバイスされたという。

――その場《ば》を毅然《きぜん》と立ち去《さ》る勇気を持ちなさい。非暴力《ひぼうりょく》を貫《つらぬ》くことこそ、本当に強い人間の武器《ぶき》なのです、と。

埼玉県の教育委員会が、二〇〇六年の十二月、小・中学・高校生に実施《じっし》し

ベティ・ウィリアムズ会長（左から２人目）と会見（2006.11　東京）

た調査《ちょうさ》によると、平均《へいきん》して四割《わり》もの子どもたちが「いじめられたことがある」と答えている。

埼玉の青年教師《きょうし》の話を伺《うかが》った。

——担当《たんとう》した中学一年のクラスで、生徒《せいと》が勇気《ゆうき》を出して、いじめの相談《そうだん》にきた。二人がかりで、二カ月も暴力《ぼうりょく》を振《ふ》るわれていたのだ。

クラス運営《うんえい》に自信《じしん》を深めていただけに愕然《がくぜん》とした。いじめた二人には「いじめる側《がわ》が百パーセント悪《わる》い」と厳《きび》しく訴《うった》え、猛省《もうせい》させた。

いじめを傍観《ぼうかん》していた生徒もいたかもしれない。だが、それをとがめるよりも、クラスの皆の前で、教師としての非力《ひりき》を心の底《そこ》から詫《わ》びた。

新年度《しんねんど》を新しい学校で迎《むか》えた青年教師に、このクラスからビデオ・レターが届《とど》いた。そこには、いじめを受けた生徒が、自分をいじめた生徒たちと仲《なか》良《よ》く肩《かた》を組《く》む、微笑《ほほえ》ましい姿《すがた》が映《うつ》っていた。その生徒は言った。

「先生、本当にありがとう！　先生の涙《なみだ》は一生、忘《わす》れません」

勇気《ゆうき》は、自分自身の心の中にある。心の中から取《と》り出《だ》すものだ。その弾《はず》みとなるのが、春の光《ひかり》のような温《あたた》かな励《はげ》ましであろう。

武者小路実篤《むしやのこうじさねあつ》は言った。

「自分は人間の生命のために／一生戦《たたか》ひたい。
人間の生命を侮辱《ぶじょく》するものと／戦ひたい」*2

春――それは、ともに胸《むね》を張《は》って、正義《せいぎ》と勇気の新しい一歩《いっぽ》を踏《ふ》み出《だ》す季節《きせつ》である。

（埼玉新聞　2007年3月20日）

*1 『武者小路実篤詩集』角川書店
*2 『武者小路實篤全集11』小学館

「根」を育てる「桜守《さくらもり》」

「若い人たちの存在《そんざい》そのものが、私たちにとっての贈《おく》り物《もの》です」

アフリカの大地《だいち》で三千万本の植樹《しょくじゅ》運動を進めてきたワンガリ・マータイ博《はか》士《せ》は、今年（二〇〇五年）二月に東京でお会いした折《おり》、笑顔《えがお》で語《かた》っておられた。

「青少年《せいしょうねん》の教育」と「環境《かんきょう》の保護《ほご》」は、ともに生命を大切《たいせつ》にし、未来《みらい》を大切にする最重要《さいじゅうよう》の取り組みといってよい。そのいずれにあっても、岐阜県の方々が尊《とうと》い道を開かれていることに、私は心からの敬意《けいい》を表したい。

毎春《まいしゅん》、各地から伝わる花便《はなだよ》りのなかでも、根尾谷《ねおだに》の淡墨桜《うすずみざくら》は圧巻《あっかん》である。

2009.4　東京

樹齢《じゅれい》千五百年余《あま》り。幾《いく》たびも枯死寸前《こしすんぜん》になり、戦後《せんご》の危機《きき》の際《さい》には二百三十八本の根継《ねつ》ぎをして蘇《よみがえ》った。

人は、咲《さ》き誇《ほこ》る花を愛《め》でる。しかし、地中深《ちちゅうふか》く戦《たたか》い続けている根は、見えない。

人は、桜《さくら》の美しさを誉《ほ》める。しかし、桜守《さくらもり》のたゆまぬ努力《どりょく》を讃《たた》える人は少ない。

嵐《あらし》に揺《ゆ》るがぬ大樹《たいじゅ》と育《そだ》つために、大切《たいせつ》なのは「根」である。そして見守《みまも》り続ける「桜守」である。人間もまた同じだといえまいか。

人生の根っこをつくるのは、青少年《せいしょうねん》時代の教育である。子どもたちの成長《せいちょう》に尽《つ》くす教育者の存在《そんざい》は、桜守に譬《たと》えられるであろう。

岐阜の「阜」は、中国の大思想家《だいしそうか》・孔子《こうし》の出生地《しゅっしょうち》「曲阜《きょくふ》」に由来《ゆらい》する。二〇〇四年、その曲阜師範《しはん》大学の宋煥新《そうかんしん》学長とお会いした際、『論語《ろんご》』の次の一節《いっせつ》が話題《わだい》になった。

「教《おし》えありて類《るい》なし」――〝もともと人間に種類《しゅるい》があるわけではない。教育によって人間は違《ちが》ってくるのだ〟との意味である。

岐阜県は、IT《アイティー》（情報技術《じょうほうぎじゅつ》）を活用《かつよう》した「岐阜まるごと学園構想《がくえんこうそう》」などの先進的《せんしんてき》な試《こころ》みを行い、教育の「岐阜モデル」を全国に発信《はっしん》している。「共生《きょうせい》の人」を育《はぐく》む環境《かんきょう》教育にも力《ちから》を入れ、二〇〇三年から「もったいない・ぎふ県民運動」を展開《てんかい》しておられる。見事《みごと》な先取《さきど》りであった。

マータイ博士《はかせ》も、日本で感銘《かんめい》を受けた「もったいない」という思想《しそう》を世界に広めたいと語《かた》られていた。そして、こう言われた。

「未来《みらい》に何かを成《な》し遂《と》げたいならば、今この時に、やらなければなりません。何かを変《か》えようと思うならば、まず自分自身が先頭《せんとう》に立って変えなければなりません」

中傷《ちゅうしょう》や投獄《とうごく》にも屈《くっ》せず、信念《しんねん》を貫《つらぬ》き通《とお》してきた「微笑《ほほえ》みの勝利《しょうり》の母」の哲《てっ》学《がく》である。

残念《ざんねん》ながら、衝撃的《しょうげきてき》な事件《じけん》をはじめ、子どもたちの健《すこ》やかな成長《せいちょう》と安全《あんぜん》を脅《おびや》かす要因《よういん》があまりにも多い時代になってしまった。

岐阜県では、「真《しん》に子どもたちの幸《しあわ》せを願《ねが》う教育」を掲《かか》げられている。大《だい》賛成《さんせい》である。社会の一切《いっさい》の焦点《しょうてん》は、「子どもたちの幸福《こうふく》な未来《みらい》」にある。そのための種《たね》を、時を逃《のが》さず、一つ、また一つ、粘《ねば》り強く蒔《ま》いていきたい。

私が対談集《たいだんしゅう》を発刊《はっかん》した「現代化学の父」ライナス・ポーリング博士《はかせ》（ノーベル化学賞・平和賞受賞）は、いつも「大学一年生を教《おし》えたい」と言われていたという。フレッシュな若人《わこうど》とともに、常《つね》に生《い》き生きと新《あら》たな探究《たんきゅう》と挑戦《ちょうせん》を！

私たちの人生の四季《しき》も、そうでありたいものである。

（岐阜新聞　2005年5月1日）

第三章　健康と文化

「世界の奈良」から文化の大光《たいこう》を

万葉《まんよう》の歌人《かじん》たちは「萌《も》え出《い》づる季節《きせつ》」の喜《よろこ》びを誇《ほこ》らかに詠《よ》んだ。それは、冬を勝《か》ち越《こ》えた命《いのち》の讃歌《さんか》である。

平城京《へいじょうきょう》は、今、遷都《せんと》千三百年の春爛漫《らんまん》。奈良は日本の宝《たから》だ。私たち皆の「心の都《みやこ》」が奈良である。

私も七十年前の小学校の修学旅行《しゅうがくりょこう》以来、幾《いく》たびも忘《わす》れ得《え》ぬ思い出を刻《きざ》ませていただいた。懐《なつ》かしき友も多い。

大歴史学者《だいれきしがくしゃ》のトインビー博士《はかせ》も、奈良の美しさに胸打《むねう》たれた印象《いんしょう》を私に語《かた》ってくださった。

「文化の都《みやこ》」奈良を大切《たいせつ》にする心は、人生の春夏秋冬《しゅんかしゅうとう》を詩情《しじょう》豊《ゆた》かに彩《いろど》る光《ひかり》となる。「悠久《ゆうきゅう》の都」奈良に感謝《かんしゃ》する心は、歴史《れきし》の鏡《かがみ》に未来《みらい》を映《うつ》し出す智慧《ちえ》となる。

〝シルクロードの結晶《けっしょう》〟

東西の文化交流《こうりゅう》にひときわ輝《かがや》く、西暦《せいれき》七一〇年。唐《とう》の都・長安《ちょうあん》を手本《てほん》として、新《あら》たな都が日本に築《きず》かれた。

この平城京《へいじょうきょう》を舞台《ぶたい》に、どれほどダイナミックに人々が行き交《か》い、文物《ぶんぶつ》が往来《おうらい》したか。正倉院《しょうそういん》の宝物《ほうもつ》が静かに語《かた》るように、平城京は、東アジアからインド、さらにイスラム世界や東ローマにまでつながる、まことに多彩《たさい》な文化が融合《ゆうごう》した〝シルクロードの結晶〟だ。

昨年（二〇〇九年）、奈良市でイスラム陶器《とうき》の破片《はへん》が発掘《はっくつ》された。八世紀《せいき》の後半《こうはん》に、遙《はる》か西アジアで作られた壺《つぼ》が、海のシルクロードを渡《わた》ってきたと推定《すいてい》される。

この発見《はっけん》には、インドネシアのイスラム指導者《しどうしゃ》ワヒド元大統領《だいとうりょう》も深い関心《かんしん》を示《しめ》された。「新《あら》たな人類《じんるい》の普遍性《ふへんせい》の連帯《れんたい》を」と語《かた》り合った私との対談《たいだん》は、元大統領の遺稿《いこう》となった。

世界の知性《ちせい》が注目《ちゅうもく》する、日本初の誉《ほま》れある国際都市こそ平城京《へいじょうきょう》だ。この奈良の心に漲《みなぎ》る「平和の哲学《てつがく》」を、日本はもっと胸《むね》を張《は》って宣揚《せんよう》すべきである。

人間に光《ひかり》あれ

「世界の奈良」の人々は、人類の諸文明《しょぶんめい》を呼吸《こきゅう》しつつ、郷土《きょうど》に根《ね》ざして偉《い》大《だい》な文化を創造《そうぞう》してこられた。

日本が世界に誇《ほこ》る伝統芸能《でんとうげいのう》「能」も、その源流《げんりゅう》は奈良にある。中世以降《ちゅうせいいこう》は、「町衆《まちしゅう》」が発展《はってん》を担《にな》った「奈良町百町」[*1]、堺《さかい》と並《なら》ぶ自治《じち》都市や商業都市として栄《さか》えた今井（橿原市《かしはらし》）をはじめ、大和郡山《やまとこおりやま》や大和高田《やまとたかだ》、御所《ごせ》など、民衆《みんしゅう》が颯《さっ》爽《そう》と主役《しゅやく》に躍《おど》り出ている。

人間は一人《ひとり》ひとりが尊厳《そんげん》であり、皆、平等《びょうどう》である。歴史《れきし》を動かす究極《きゅうきょく》の力《ちから》は、目覚《めざ》めた民衆にこそある。

一九二二年に創立《そうりつ》された全国水平社《すいへいしゃ》は、奈良が発祥《はっしょう》の地。「人の世に熱あれ、人間に光《ひかり》あれ」との全国水平社宣言《せんげん》は、日本で最初の人権《じんけん》宣言として不《ふ》滅《めつ》の光彩《こうさい》を放《はな》っている。

非暴力《ひぼうりょく》の力《ちから》

芸術の都《みやこ》オーストリアの森にも、十九世紀《せいき》に奈良から贈《おく》られた鹿《しか》の子孫《しそん》が生《い》きている。

このオーストリア出身《しゅっしん》の「欧州統合の父《おうしゅうとうごうのちち》」クーデンホーフ・カレルギー伯《はく》爵《しゃく》が力説《りきせつ》されていたことがある。

それは、「学校」と「新聞」こそ、世界を変《か》え、向上《こうじょう》させる非暴力《ひぼうりょく》の力《ちから》である、と。*2

奈良は「教育立県《りっけん》」として名高《なだか》い。さらに「新聞」の世帯《せたい》あたりの発行部《はっこうぶ》数《すう》は全国一。奈良新聞や奈良日日新聞など伝統《でんとう》ある地元紙《じもとし》が、優《すぐ》れた活字《かつじ》文化を力強く発信《はっしん》されている。ここにも、奈良の大いなる強みがある。

信義《しんぎ》に篤《あつ》い人々

千三百年祭では、行政《ぎょうせい》も市民ボランティアの方々も、「もてなしの心」を大切《たいせつ》にされていると伺《うかが》った。まことに奈良らしい取り組みと感銘《かんめい》した。

日本最古《さいこ》の漢詩集《かんししゅう》『懐風藻《かいふうそう》』にも「良友《りょうゆう》を迎《むか》えて親交《しんこう》を結《むす》ぶ／人は遠《とお》き新羅《しらぎ》から来た客《きゃく》」（現代語訳）など、深き「もてなしの心」が謳《うた》われている。*3

奈良には、気取《きど》りがない。威張《いば》りがない。人間味《み》あふれる気さくさと思いやりがある。奈良は、まさしく「歓待《かんたい》（ホスピタリティー）の都《みやこ》」である。

海外《かいがい》の識者《しきしゃ》との語《かた》らいでも、「歓待」の精神《せいしん》の意義《いぎ》が話題《わだい》となる。歓待には、他者《たしゃ》との差異《さい》から積極的《せっきょくてき》に学び、ともに新《あら》たな価値《かち》を創造《そうぞう》していこうという進取《しんしゅ》の息吹《いぶき》がある。

いにしえより奈良は、渡来人《とらいじん》の移住《いじゅう》や遣唐使《けんとうし》の往還《おうかん》など、中国や韓国《かんこく》との交流《こうりゅう》は幾重《いくえ》にも深い。この「友好《ゆうこう》の原点《げんてん》の都」にあって信義《しんぎ》に篤《あつ》き奈良の人々は、隣国《りんごく》の文化の恩義《おんぎ》を大事にされてきた。

二〇〇八年の五月、中国の胡錦濤《こきんとう》国家主席《しゅせき》と東京で再会《さいかい》した折《おり》、主席は奈良を訪問《ほうもん》する喜《よろこ》びを熱く語られた。奈良を「中日両国の文化交流のシンボル」と位置《いち》づけておられた。

中国の胡錦濤国家主席と会見（2008.5　東京）

この五月（二〇一〇年）に開幕《かいまく》する上海万博《シャンハイばんぱく》でも、日本館《かん》には奈良ゆかりの展示《てんじ》が予定《よてい》され、中国側《がわ》から「最《もっと》も優《すぐ》れた展示館の一つ」と絶讃《ぜっさん》されている。さらに今年は「東アジア未来《みらい》会議　奈良二〇一〇」も行われる。

奈良が育《はぐく》んできたアジアとの信頼《しんらい》の縁《えにし》は、いやまして日本の進路《しんろ》の光明《こうみょう》となっている。

心を結《むす》ぶ交流《こうりゅう》

政治・経済の交流と同時に、大事なのは民衆《みんしゅう》の心を結ぶ交流だ。

私の妻の知人で、香芝《かしば》市に住《す》む、琴《こと》の名門・生田流《いくたりゅう》の大師《だいし》範《はん》も、日中友好《ゆうこう》フェスティバルを県内で積《つ》み重《かさ》ねるなど、両国の友情促進《ゆうじょうそくしん》に尽力《じんりょく》されてきた。一人《ひとり》の母として、夫《おっと》の病気やお子さんの障《しょう》がいなどを乗《の》り越《こ》えながらの尊《とうと》い奮闘《ふんとう》である。

奈良には数多《あまた》の国宝《こくほう》がある。とともに仏法では、人々のため、社会のため、正義《せいぎ》の行動《こうどう》を貫《つらぬ》く人を「真《しん》の国宝なり」と教《おし》えている。

奈良は奥行《おくゆ》きが深い。あの町この村に、まさに国宝の方々が気高《けだか》く光っておられる。

憧《あこが》れの吉野《よしの》の十津川《とつかわ》村や川上《かわかみ》村などで地域に貢献《こうけん》する友からも、嬉《うれ》しい便《たよ》りをいただく。

「大和《やまと》は国のまほろば（一番よい所）」だ。それは、わが地域から、皆の智《ち》慧《え》と力《ちから》で築《きず》き広げていく「友情《ゆうじょう》の都《みやこ》」でもあろう。

永遠《えいえん》の都

若草山《わかくさやま》は毎年、炎《ほのお》で焼《や》かれる。しかし根《ね》があるゆえに、春になると新鮮《しんせん》な芽《め》を出す。人生も歴史《れきし》も同じだ。

平城京《へいじょうきょう》に伝来《でんらい》した仏典《ぶってん》には「根《ね》深《ふか》ければ枝《えだ》しげし　源遠《みなもととお》ければ流《なが》れ長し」

と説《と》かれる。

文化の根深く、歴史《れきし》の源遠き奈良が、勝《か》ち栄《さか》えゆく春が来た。

「あをによし
　奈良の都《みやこ》は
　　咲《さ》く花の
薫《にほ》ふがごとく
　今盛《さか》りなり*4」

遠く太宰府《だざいふ》で詠《よ》まれた望郷《ぼうきょう》の歌だ。奈良の平和と繁栄《はんえい》は、万葉《まんよう》の時代から万人《ばんにん》の願《ねが》いであり、希望《きぼう》である。

「あをによし」とは奈良の枕詞《まくらことば》である。奈良を象徴《しょうちょう》する「青」は青春《せいしゅん》の「青」である。

わが愛する奈良の青年も、郷土愛《きょうどあい》に燃《も》えている。若き熱と力《ちから》で、世界のどこにも負《ま》けぬ「永遠《えいえん》の都《みやこ》」の大建設《だいけんせつ》をと、私は祈《いの》りたい。

（奈良新聞／奈良日日新聞　２０１０年４月10日）

＊１　江戸時代初期に成立した奈良町には、その中に町が百あったことから、こう呼ばれた

＊２　『実践的理想主義』鹿島守之助訳、鹿島研究所出版会、参照

＊３　『懐風藻』江口孝夫全訳注、講談社

＊４　『新日本古典文学大系１　萬葉集１』佐竹昭広・山田英雄・工藤力男・大谷雅夫・山崎福之校注、岩波書店

心の輝きと長寿《ちょうじゅ》

嬉《うれ》しいことに、今や福井県は、男女ともに平均寿命《へいきんじゅみょう》が全国二位という「健康長寿王国」となっている（二〇〇四年十月現在）。健康で自立《じりつ》した生活を過《す》ごす期間を示《しめ》す「健康寿命」にあっても、福井県は日本のトップクラスである。

戦前、福井県は「結核王国《けっかくおうこく》」といわれた。戦後《せんご》も幾多《いくた》の自然災害《さいがい》が打ち続いた。しかし、麗《うるわ》しき郷土《きょうど》に漲《みなぎ》る不撓《ふとう》不屈《ふくつ》のバイタリティーで見事に勝《か》ち越《こ》えてこられたのである。

高齢《こうれい》になって、ますます世界的に活躍《かつやく》されるアメリカの識者《しきしゃ》たちと、私は連載対談《れんさいたいだん》を進めてきた。経済学者《がくしゃ》のガルブレイス博士《はかせ》と、平和研究《けんきゅう》の母エリース・ボールディング博士である。今年（二〇〇四年）で九十六歳と八十四歳になるお二人は、過去の業績《ぎょうせき》に安住《あんじゅう》せず、常《つね》に時代の最前線《さいぜんせん》で行動《こうどう》を起こしてこられた。

「もうこれでよい」といった姿《すがた》は微塵《みじん》もない。対談をしていても話題《わだい》は新鮮《しんせん》で、旺盛《おうせい》な探求心《たんきゅうしん》は止《と》まるところを知らなかった。

ボールディング博士は、学究《がっきゅう》の同志《どうし》である夫君《ふくん》ケネス氏に先立《さきだ》たれてからも、ともに目指《めざ》した「平和の文化」の建設《けんせつ》のために、前へ前へと進まれてきた。「夫《おっと》は今も私の人生の一部分となって、私を支《ささ》えてくれています」との言葉《ことば》に、私は、ご夫婦《ふうふ》の勝利《しょうり》の劇《げき》を見る思いがした。

確《たし》かな哲学《てつがく》を持って、深い使命《しめい》に生《い》きゆく人は強い。いかなる心身《しんしん》の試練《しれん》をも、生命の滋養《じよう》に転《てん》じて、新《あら》たな信念《しんねん》の一歩《いっぽ》を踏《ふ》み出していくことができるからだ。

これまで私は、福井県を七度訪《おとず》れた。そのつど、逆境《ぎやつきよう》に負《ま》けない勇敢《ゆうかん》な心と、苦難《くなん》の時に助け合う美しい心の輝《かがや》きを感じとった。

この七月（二〇〇四年）の記録的《きろくてき》な集中豪雨《しゆうちゆうごうう》に際《さい》しても、水害《すいがい》の発生《はつせい》直後から、多くの方々が自発的《じはつてき》に勇《いさ》んで救援《きゆうえん》活動に身《み》を投《とう》じられた。

日刊県民福井で報道された記事を拝見《はいけん》して、私は感動《かんどう》を禁《きん》じ得《え》なかった。「不死鳥《ふしちよう》　再《ふたた》び　復興《ふつこう》へ一丸《いちがん》」「ボランティア大車輪《だいしやりん》」との見出《みだ》しは、まさしく福井県の方々の心意気《こころいき》を象徴《しようちよう》している。

私の知る青年たちも、力《ちから》の限《かぎ》り奮闘《ふんとう》した。自宅《じたく》が被害《ひがい》に遭《あ》いながら地域の友を励《はげ》まし続けた、老《お》いたる母たちの尊《とうと》き献身《けんしん》も伺《うかが》った。

県を代表する文化財「一乗谷朝倉氏遺跡《いちじようだにあさくらしいせき》」は、連日のボランティアの尊き力の結集《けつしゆう》で、わずか一カ月で仮復旧《かりふつきゆう》を果《は》たしている。こうした福井県の明るいニュースは、同じく豪雨の被害を受けた他県の人々にも、どれほど大きな

ガルブレイス博士と（1993.9　アメリカ・ハーバード大学）

勇気《ゆうき》を贈《おく》ったことか。

世界へ示《しめ》す希望《きぼう》のモデル

病気や困難《こんなん》を耐《た》え抜《ぬ》いて、より強く、より深く、より大きくなっていく人間の心の偉大《いだい》さを、川の氾濫《はんらん》にも負《ま》けない大地《だいち》に譬《たと》えたのは、スイスの哲学《てつがく》者《しゃ》ヒルティであった。*

福井が「健康」と「長寿《ちょうじゅ》」の先進県《せんしんけん》となった要因《よういん》には、バランスのとれた食生活などが指摘《してき》される。

また人と人とのつながりの深さも、見逃《みのが》すことはできない。県の「健康づくり十カ条」の第一条にも、「元気に楽しく、仲間《なかま》とともに」と掲《かか》げられている通《とお》りだ。

福井県は、働《はたら》く女性たちの健闘《けんとう》も日本一、目覚《めざ》ましい。社会のため、地域のため、人々のために行動《こうどう》することは、自分自身の生命を一段《いちだん》と豊《ゆた》かに健《すこ》やかに輝《かがや》かせていくのではないだろうか。

東洋の箴言《しんげん》には、「人のために明《あ》かりを灯《とも》せば、自分の前も明るくなる」とある。

その気風《きふう》が生《い》き生きと脈打《みゃくう》っていることに、福井県の限《かぎ》りない未来《みらい》の希望《きぼう》があると、私は思う。

この十月には、「スポレク福井二〇〇四」が県内の八市十一町で開催《かいさい》される。こうした機会《きかい》を通じて、日常的《にちじょうてき》な運動習慣《しゅうかん》の重要性《じゅうようせい》に関心《かんしん》が広がることは、きわめて意義《いぎ》深い。

私も、妻の勧《すす》めで「ラジオ体操《たいそう》」を始めて二十年近くなる。「持続《じぞく》は力《ちから》」と実感《じっかん》する。

二十一世紀を健康の時代に

私が対談《たいだん》したノーベル平和賞受賞者《じゅしょうしゃ》のロートブラット博士《はかせ》も、長年、散歩《さんぽ》を日課《にっか》とされてきた。

最愛《さいあい》の夫人《ふじん》をホロコースト（大量虐殺《たいりょうぎゃくさつ》）で奪《うば》われた博士は、戦争廃絶《せんそうはいぜつ》のために、九十歳を超《こ》えても、青年のごとく行動《こうどう》を続けられた。二〇〇三年、ジュネーブの国連欧州《おうしゅう》本部で私どもの平和展示《てんじ》が行われた際、ロンドンから駆《か》け付けてくださった博士は、語《かた》っておられたという。

「自叙伝《じじょでん》を書くように勧《すす》められるのですが、自分にとっては過去《かこ》を振《ふ》り返《かえ》るのは、時間の無駄《むだ》に思えてなりません。まだまだ、やりたいことが山ほどあるからです」

かつて福井市から鯖江《さばえ》市へ向かう車中《しゃちゅう》で仰《あお》いだ、あの美しい夕焼《ゆうや》けのように、生命を悔《く》いなく燃《も》やし尽《つ》くす人生の総仕上《そうしあ》げは、まことに荘厳《そうごん》である。「健康長寿《ちょうじゅ》の秘訣《ひけつ》」を聞かれて、ロートブラット博士《はかせ》は微笑《ほほえ》みながら答えられた。

「一つの大きな目的に向《む》かって、わき目もふらずに進んできました。それが生《い》き甲斐《がい》になっていると思います」

ともあれ二十一世紀《せいき》を、「全人類《ぜんじんるい》の健康長寿」へ大きく一歩《いっぽ》前進《ぜんしん》の時代としていきたい。敬愛《けいあい》する福井県が、その希望《きぼう》のモデルを世界へ示《しめ》されゆくことを、私は願《ねが》ってやまない。

（日刊県民福井　２００４年10月１日）

＊『ヒルティ著作集７　同情と信仰』岸田晩節訳、白水社、参照

「オーストリア大宮殿展《だいきゅうでんてん》」に寄《よ》せて

「最高の作品《さくひん》しか君には見せない」*1

大文豪《だいぶんごう》ゲーテは若き弟子《でし》にこう語《かた》った。美を鑑賞《かんしょう》する眼《まなこ》を養《やしな》うため、青年には最高の芸術にふれさせたいとの心である。

このたび、岡山県立美術館で、「華麗《かれい》なるオーストリア大宮殿展」が開催《かいさい》される。（二〇一〇年一月二十六日～二月二十一日）

「大宮殿展」では、ハプスブルク家《け》が収集《しゅうしゅう》した絵画《かいが》や彫刻《ちょうこく》、宝飾品《ほうしょくひん》や家具《かぐ》など、それぞれの「最高の美」が、これまでにないスケールで公開《こうかい》される。

ハプスブルク家《け》は、十三世紀《せいき》から二十世紀にかけて、ウィーンを中心に中央ヨーロッパを治《おさ》めた王室《おうしつ》である。芸術を最大に擁護《ようご》し、異《こと》なる文化からも積極的《せっきょくてき》に学ぶ寛容性《かんようせい》にも富《と》んでいた。だからこそ、各地からウィーンに傑出《けっしゅつ》した人材《じんざい》が集まった。

「芸術はあらゆる人々を結合《けつごう》させます*2」とは、ウィーンで不滅《ふめつ》の名曲《めいきょく》を残《のこ》したベートーベンの言葉《ことば》だ。

展示《てんじ》では、漆塗《うるしぬ》りのキャビネットや伊万里焼《いまりやき》の薬味入《やくみい》れなど、日本文化の美の精髄《せいずい》を取り入れて王家《おうけ》の暮《く》らしを彩《いろど》ってきた名品《めいひん》もあり、味《あじ》わい深い。

岡山県には古来《こらい》、「美作《みまさか》」という地名《ちめい》がある。「美を作る」——何と麗《うるわ》しき名前であろうか。備前焼《びぜんやき》も郷原漆器《ごうばらしっき》も、生活の中で「美」を作り、「美」に親《した》しんでこられた岡山の方々の誇《ほこ》りだ。

倉敷出身《くらしきしゅっしん》の発明家《はつめいか》・磯崎眠亀《いそざきみんき》先生は、特産《とくさん》のイ草《ぐさ》を使った精巧緻密《せいこうちみつ》な織物《おりもの》を生《う》み出した。この美しい「錦莞莚《きんかんえん》」は、奇《く》しくも、「ウィーン万博《ばんぱく》」(一八七三年)での作品《さくひん》からヒントを得《え》たという。そして周囲《しゅうい》の嘲笑《ちょうしょう》に耐《た》え、幾多《いくた》の失敗《ぱい》も乗《の》り越《こ》えて、日常《にちじょう》の敷物《しきもの》であった「花ござ」を、世界が賞嘆《しょうたん》する芸術品に昇華《しょうか》させたのだ。*3 それは「今に見よ!」との負《ま》けじ魂《だましい》の努力《どりょく》が織《お》り成《な》した、美の創造《そうぞう》であったといってよい。

東京展では、「宮廷用《きゅうていよう》のテーブルセッティング」も反響《はんきょう》を呼《よ》んだ。華《はな》やかな食器《しょっき》もさることながら、白鳥《はくちょう》のように折《お》られた「ナプキン」がある。これも長い伝統《でんとう》の技《わざ》だ。ナプキン一つで、優雅《ゆうが》な世界が演出《えんしゅつ》される。それは、わが家の食卓《しょくたく》を一輪《いちりん》の花で飾《かざ》る賢《かしこ》き母たちの心にも通ずるであろう。

宮廷の厨房《ちゅうぼう》で使用《しよう》された、フライパンや鍋《なべ》なども出展《しゅってん》される。年季《ねんき》が入り、光沢《こうたく》も消《き》えている。しかし、その内側《うちがわ》の錫《すず》のメッキは、常《つね》に、完璧《かんぺき》に手入れをされていた。

食もまた「芸術」である。何より食は「命《いのち》」である。

公園で子どもたちと散策（1992.6　オーストリア・ウィーン）

岡山県の一地域では、明治時代、早くも子どもたちのために学校給食《きゅうしょく》を実《じっ》施《し》した。心豊《ゆた》かな食文化を築《きず》いてこられた先人《せんじん》の苦労《くろう》が偲《しの》ばれてならない。

私の若き日は、戦争《せんそう》の動乱《どうらん》の時代だった。芸術に親《した》しむ機会《きかい》も奪《うば》われていた。その時代にあって、軍部政府《ぐんぶせいふ》と戦《たたか》い、獄死《ごくし》した私の先師《せんし》・牧口常三郎《つねさぶろう》先生は「美《び》の価値創造《かちそうぞう》」を提唱《ていしょう》した。実生活《じっせいかつ》の中で、「利《り》」の価値、「善《ぜん》」の価値とともに、「美」の価値を創造《そうぞう》していくことが、幸福《こうふく》の光《ひかり》になるからである。それが、平和と人道《じんどう》の力《ちから》となる。

かつて私は、ハプスブルク家《け》ゆかりのクーデンホーフ・カレルギー伯爵《はくしゃく》と対談《たいだん》した。日本人の母を持ち、「ヨーロッパ統合《とうごう》の父」と謳《うた》われた伯爵は言われた。

「美とは生命の展開である。生命が力強く、高揚《こうよう》して、調和《ちょうわ》をもって現《あら》われるとき、それだけいっそうその生命は美しいのである」*4

近代日本に文化の新風《しんぷう》を起こした竹久夢二《たけひさゆめじ》画伯《がはく》は、岡山県の出身《しゅっしん》である。

オーストリアなど欧州《おうしゅう》と芸術交流《こうりゅう》を広げ、ナチスの迫害《はくがい》からユダヤの人々を救《すく》う活動に勇敢《ゆうかん》に奔走《ほんそう》したという*5。

百年前の元日《がんじつ》、夢二《ゆめじ》青年は日記《にっき》に書き綴《つづ》った。「新しき時代の青年は勇《いさま》しく*6」と。勇気《ゆうき》で新時代を建設《けんせつ》せんとの心である。

今秋《こんしゅう》には、国民文化祭も岡山で盛大《せいだい》に開催《かいさい》される。仏法では「わが心に大宮殿《だいきゅうでん》あり」と説《と》かれる。「晴《は》れの国」岡山の若き世代の心に、希望《きぼう》と勇気の大宮殿が輝《かがや》きゆくことを祈《いの》りたい。

（山陽新聞　2010年1月12日）

＊1　エッカーマン著『ゲーテとの対話（上）』山下肇訳、岩波書店
＊2　ロマン・ロラン著『ベートーヴェンの生涯』片山敏彦訳、岩波書店
＊3　吉原睦著『磯崎眠亀と錦莞莚』日本文教出版、参照
＊4　『倫理と超倫理』鹿島守之助訳、鹿島研究所出版会
＊5　関谷定夫著『竹久夢二――精神の遍歴』東洋書林、参照
＊6　長田幹雄編『夢二日記1』筑摩書房

「新聞の力《ちから》」——郷土から世界へ

〝新聞は、百万の銃剣《じゅうけん》よりも強い〟とは、英雄《えいゆう》ナポレオンの叫《さけ》びであった。

新聞は、時代の呼吸《こきゅう》である。

新聞は、社会の背骨《せぼね》である。

新聞は、文化の動脈《どうみゃく》である。

新聞は、未来《みらい》への光明《こうみょう》である。

北陸の天地《てんち》にあって、その尊《とうと》き使命《しめい》を営々《えいえい》として果《は》たしてこられたのが北國新聞である。記念すべき紙齢《しれい》「四万号」を、心からお慶《よろこ》び申し上げたい。

創刊《そうかん》は、明治二十六年（一八九三年）の夏八月五日。創刊号に掲《かか》げられた「発《はっ》刊《かん》の辞《じ》」に、私は深く感銘《かんめい》する一人《ひとり》である。

執筆者《しっぴつしゃ》は、初代社長であり主筆《しゅひつ》の赤羽萬次郎《あかばねまんじろう》氏。信念《しんねん》の言論人《げんろんじん》である。当時の良識《りょうしき》から「弁筆《べんぴつ》二つ皆備《そな》わる」と高く評《ひょう》された。

氏は、真実《しんじつ》のための言論を強く訴《うった》えた。「筆《ふで》を兇器《きょうき》に供《きょう》して反対者を誹謗《ひぼう》する」ことや、「世間《せけん》を惑《まど》はし」「真偽是非《しんぎぜひ》を問《と》はざる」ことは、断《だん》じて許《ゆる》さなかったのである。正義《せいぎ》を貫《つらぬ》く言論であればこそ、世界から信頼《しんらい》される。

「石川を訪《おとず》れて、母国《ぼこく》を想《おも》い起こすことが多い。海に面し、歴史《れきし》と文化を誇《ほこ》り、地域社会が確固《かっこ》としている点です」

こう言われたのは、北欧《ほくおう》スウェーデンのカール十六世グスタフ国王《こくおう》である。一九九七年、北國新聞社の招《まね》きで、シルビア王妃《おうひ》とともに石川と富山の両県を訪問《ほうもん》された。

私も一九八九年の六月、ストックホルムの王宮《おうきゅう》に国王《こくおう》ご夫妻《ふさい》を表敬《ひょうけい》し、環《かん》境《きょう》問題などをめぐり語《かた》り合った。じつに若々しく、また気さくなご夫妻《ふさい》で民間人《みんかんじん》との対話《たいわ》を大切《たいせつ》にされていた。

国王も、北陸の美術工芸《こうげい》に強い関心《かんしん》を示《しめ》されていた。北陸の文化は日本が誇《ほこ》る宝《たから》である。

このほど六十回の歴史《れきし》を綴《つづ》った石川の現代美術展は、地域美術展の最高峰《さいこうほう》と讃《たた》えられる。第一回展の開幕《かいまく》は、昭和二十年（一九四五年）の十月十二日。戦後《せんご》から、わずか二カ月後の秋であった。四万人もの入場者《にゅうじょうしゃ》を記録《きろく》し、「戦後六十日の奇跡《きせき》」として語り継《つ》がれている。

日々《ひび》の食事にも事欠《ことか》く混迷《こんめい》の時代に、精神《せいしん》の復興《ふっこう》の光《ひかり》を放《はな》ちゆく快挙《かいきょ》であった。北陸の人々は、生《い》きる喜《よろこ》びと明日《あす》への希望《きぼう》を求めて、新しい日本を文化の力《ちから》で築《きず》き始めたのである。

戦争《せんそう》は破壊《はかい》、文化は創造《そうぞう》である。暴力《ぼうりょく》は分断《ぶんだん》、芸術は結合《けつごう》である。

1984.8　富山

北陸の「文化力」を支《ささ》えるもの――それは北陸の「教育力」だと思う。近現代のわが国の科学《かがく》、哲学《てつがく》、文学を牽引《けんいん》する人材《じんざい》を送《おく》り出した北陸には、優《すぐ》れた教育者が輝《かがや》いている。

わが人生の師《し》の故郷《こきょう》も、石川県の塩屋《しおや》（加賀市《かがし》）であった。師は軍部《ぐんぶ》政府《せいふ》と対決《たいけつ》して、二年間、投獄《とうごく》された。出獄後《しゅつごくご》ただちに、東京で中学生向けの通《つう》信《しん》教育を始めている。「教育の力《ちから》で社会の再建《さいけん》を」との執念《しゅうねん》からであった。

さらにまた私の母校《ぼこう》（現・東京富士大学）の創立者《そうりつしゃ》・高田勇道《ゆうみち》先生は、富山県の東砺波郡《ひがしとなみぐん》の生まれである。「人道《じんどう》世界の建設《けんせつ》」を理想《りそう》として、学生のために生命を捧《ささ》げられた。

私の青春《せいしゅん》は幸運《こううん》にも、青年を愛してやまぬ北陸出身《しゅっしん》の教育者の薫陶《くんとう》とともにあった。

「青年」を育《そだ》てることは「未来《みらい》」を育てることである。現在も、北陸の両県は「教育立県《りっけん》」として名高《なだか》い。高等学校等への進学率《しんがくりつ》は、石川と富山がトップを争《あらそ》い、大学・短期大学等への進学率《しんがくりつ》も上位《じょうい》を占《し》めているのは、その一端《いったん》だ。

二〇〇三年から、「いしかわシティカレッジ」では、十八の大学・短大・専門《せんもん》学校等が協力《きょうりょく》して、広く社会人にも開かれた講座《こうざ》を開設《かいせつ》している。地域に密着《みっちゃく》した「生涯学習《しょうがいがくしゅう》」の取り組みは、新しき希望《きぼう》と活力《かつりょく》を高めていくに違《ちが》いない。

昭和の初めに石川県立図書館長《としょかんちょう》を務《つと》めた中田邦造《くにぞう》氏は、「生涯学習」の先達《せんだつ》である。「読書《どくしょ》による自己教育」の重要性《じゅうようせい》を主張《しゅちょう》し、農村《のうそん》地域を中心に幅《はば》広《ひろ》い読書運動を展開《てんかい》した。

それは、いわゆる「知識人《ちしきじん》」をつくろうとしたのではない。「生活者がみずからの眼をもって見て、みずから判断《はんだん》し、みずからの信念《しんねん》によって生活する社会を実現《じつげん》する」ために、「読む力《ちから》」を体得《たいとく》させようとしたのである。

その実践《じっせん》は、「読むことを学ぶことは、灯《あか》りをつけることである」という、フランスの文豪《ぶんごう》・ユゴーの言葉《ことば》を思い起こさせる。北陸では、現在も、若き母たちによる「読み聞かせ運動」などが活発《かっぱつ》に行われている。

郷土《きょうど》に根《ね》を張《は》り世界へ

思えば、北國新聞が創刊《そうかん》された一八九三年は、ニュージーランドで世界初の女性参政権《さんせいけん》が勝《か》ち取《と》られた年であったと記憶《きおく》する。草創期《そうそうき》の北國新聞には、私どもの創価教育の創始者《そうししゃ》が進めていた女性のための総合教育講座《そうごうきょういくこうざ》も、たびたび紹介《しょうかい》されていた。

「文化力」と「教育力」のみずみずしい源泉《げんせん》は、対話《たいわ》を大切《たいせつ》にする「女性力」であろう。

現代は、テレビやインターネット等の発達《はったつ》が目覚《めざ》ましい。ただ、映像《えいぞう》のイメージや一方的で断片的《だんぺんてき》な情報《じょうほう》のみでは、受け身になり、自分で考える力《ちから》が衰《おとろ》えてしまう。また、人権《じんけん》の蹂躙《じゅうりん》がはびこる危険性《きけんせい》も指摘《してき》される。

ゆえに今こそ、良質《りょうしつ》の活字《かつじ》文化を興隆《こうりゅう》させることである。なかんずく、郷《きょう》土《ど》に根《ね》を張《は》り、世界に開かれた新聞の力《ちから》が、ますます重要《じゅうよう》だ。

北國新聞は、中国の蘇州《そしゅう》日報とも姉妹提携《しまいていけい》を結《むす》ばれている。

美しき文化の都《みやこ》・蘇州といえば、〝東洋のデュマ〟と謳《うた》われる大作家《だいさっか》の金《きん》庸博士《ようはかせ》は、蘇州大学に学んだ。私も幾《いく》たびとなく語《かた》り合い、対談集《たいだんしゅう》（『旭日《きょくじつ》の世紀《せいき》を求めて』）を発刊《はっかん》した博士は、香港《ホンコン》で新聞を発行《はっこう》し、文化大革命《だいかくめい》などの激流《げきりゅう》にも、勇敢《ゆうかん》に命《いのち》を賭《と》して正々堂々《せいせいどうどう》たる論陣《ろんじん》を張ってこられた。

「迫害《はくがい》を受けぬような人生は凡庸《ぼんよう》である」とは、博士の達観《たっかん》である。博士と私は、これからの「二十一世紀《せいき》人《じん》」の資質《ししつ》を語り合った。それは、いかなる圧迫《あっぱく》にも屈《くっ》せず、人々のため、社会のため、正義《せいぎ》の行動《こうどう》に打って出る勇気《ゆうき》である。そしてまた、胸襟《きょうきん》を大きく開いて、世界に連帯《れんたい》を広げていく友情《ゆうじょう》の心である。

千年前の有名《ゆうめい》な蘇州《そしゅう》出身《しゅっしん》の指導者《しどうしゃ》・范仲淹《はんちゅうえん》は、「徳《とく》を積《つ》むこと百余《よ》年にして、始めて吾《われ》において発す」との言葉《ことば》を残《のこ》した。先人《せんじん》たちが百年にわたって積《つ》んできた陰徳《いんとく》が、いよいよ陽報《ようほう》となって輝《かがや》き始めたという意義《いぎ》である。

創刊《そうかん》百十一年、四万号を刻《きざ》まれた北國新聞が、一段《いちだん》と力強《ちからづよ》く日本の言論界《げんろんかい》をリードしていかれることを、私は確信《かくしん》してやまない。

北陸が誇《ほこ》る「文化力」と「教育力」、そして「女性力」は、新《あら》たな百年を照《て》らす光《ひかり》である。

（北國新聞／富山新聞　２００４年５月11日）

第四章　平和と人権

広島で「核廃絶《かくはいぜつ》サミット」を

「平和の力《ちから》」と「建設《けんせつ》の力」の勝利《しょうり》の都《みやこ》こそ、広島なり——こう感嘆《かんたん》していたのは、中国の文豪《ぶんごう》・巴金《ぱきん》先生であった。

試練《しれん》に挑《いど》みゆく人類《じんるい》にとって「ヒロシマ」は勇気《ゆうき》の源泉《げんせん》だ。海外《かいがい》の地震《じしん》の被災地《ひさいち》でも、広島からの救援《きゅうえん》と聞けば、それだけで現地《げんち》の人々は勇気《ゆうき》づけられるとの話を耳にした。ヒロシマという響《ひび》きには、不可能《ふかのう》を可能にする希望《きぼう》の力が宿《やど》っている。

一九七五年、被爆《ひばく》三十年の年頭《ねんとう》に、私は国連本部へ向《む》かった。日本の青年たちが真剣《しんけん》に集めた核廃絶《かくはいぜつ》を求める署名簿《しょめいぼ》を、事務総長《じむそうちょう》に提出《ていしゅつ》するためである。

数日後、招《しょう》へいを頂《いただ》いたシカゴ大学で忘《わす》れられないものを見た。世界で初めて「核分裂《ぶんれつ》の連鎖《れんさ》反応《はんのう》」に成功《せいこう》したことを記念する碑《ひ》である。この成功が原爆開発《げんばくかいはつ》に現実味《げんじつみ》を帯《お》びさせた。

一方、原爆完成《かんせい》のめどが立った時、使用《しよう》を断念《だんねん》するよう求めたのも、同大学で開発に携《たずさ》わっていた科学者《かがくしゃ》たちであった。

まさに核兵器《へいき》には、誕生時《たんじょうじ》から重大《じゅうだい》な懸念《けねん》がつきまとっていた。だからこそ「その使用を絶対《ぜったい》に許《ゆる》さない」との意思《いし》を、さらに強固《きょうこ》な民衆《みんしゅう》の連帯《れんたい》で示《しめ》しゆくことを、私は深く決意した。

このシカゴ大学の法科《ほうか》大学院で教壇《きょうだん》に立った経験《けいけん》を持つオバマ大統領《だいとうりょう》が、核廃絶に向けた決意を最初に表明《ひょうめい》したのは二〇〇七年十月。大統領選への出《しゅつ》馬表明《ばひょうめい》より数カ月後のことだった。

中國新聞に、その時のエピソードが紹介《しょうかい》されていた。*場所《ばしょ》は同じシカゴ市内にある大学のキャンパス。広島平和文化センターの企画《きかく》する原爆展の準備《じゅんび》をしているところへ突然《とつぜん》、オバマ氏が現《あらわ》れた。学内《がくない》での講演《こうえん》のためだ。原爆《げんばく》被害《ひがい》を伝《つた》える写真パネルが両側《りょうがわ》に並《なら》ぶ廊下《ろうか》を歩き、氏は会場《かいじょう》に向《む》かう。そこで初めて「核兵器《かくへいき》のない世界を目指《めざ》す」と表明したのである。

当初《とうしょ》から核問題への言及《げんきゅう》は予定《よてい》されていたともいう。だが私には、核兵器の非人道性《ひじんどうせい》を訴《うった》え続けてこられた被爆者《ひばくしゃ》の大情熱《だいじょうねつ》が、時代の底流《ていりゅう》を動かし始めた象徴《しょうちょう》の劇《げき》と、思えてならなかった。

「広島・長崎への原爆投下《とうか》」は、二十世紀《せいき》の世界の最《もっと》も衝撃的《しょうげきてき》な出来事《できごと》に挙《あ》げられる。しかし実際《じっさい》に何が起こったかを胸《むね》に刻《きざ》む人は、まだまだ少ない。

南米《なんべい》アルゼンチンの「人権《じんけん》の闘士《とうし》」エスキベル博士《はかせ》も、広島の原爆資料館《げんばくしりようかん》（平和記念資料館）には幾《いく》たびとなく足《あし》を運《はこ》ばれている。

博士は私に語《かた》られた。

「原爆の恐《おそ》ろしさは知っていたつもりでしたが、想像《そうぞう》を絶《ぜっ》する悲劇《ひげき》であると学びました」と。

昨年（二〇〇九年）の五月、NPT（核拡散防止条約《かくかくさんぼうしじょうやく》）再検討会議《さいけんとう》の準備《じゅんび》委員会の折《おり》、日本から参加《さんか》された被爆者《ひばくしゃ》の方々が私どものニューヨークの会館を訪問《ほうもん》し、懇談会《こんだんかい》を行《おこな》ってくださった。

自分たちが味《あじ》わった苦《くる》しみは、いかなる国であれ、誰人《たれびと》も二度と経験《けいけん》させたくないとの魂《たましい》の叫《さけ》びに、皆が胸《むね》を熱くした。

同じ頃《ころ》に発信《はっしん》されたエスキベル博士ら世界の良識《りようしき》による「ヒロシマ・ナガサキ宣言《せんげん》」でも、これまで三度目の核使用《しよう》を避《さ》け得《え》たのは単《たん》なる僥倖《ぎょうこう》ではない、「世界へ呼《よ》びかけ続けてきた被爆者の方々の強い決意」があったからと、

エスキベル博士（右）とアマンダ夫人を迎えて（1995.12　東京）

鋭《するど》く指摘《してき》されていた。

創価学会インタナショナルが制作《せいさく》した女性たちの被爆体験《ひばくたいけん》「証言《しょうげん》ＤＶＤ」（五言語）で、一人《ひとり》の母は切々《せつせつ》と語《かた》っている。

「核《かく》のこの悲惨《ひさん》さ、人間が人間を殺《ころ》し合う愚《おろ》かさを、二度とやっちゃいけないと伝《つた》えていくために、私は今、生《い》きているんじゃないかと思うんです」

核兵器廃絶《へいきはいぜつ》への道のりは遠いとの認識《にんしき》は、いまだに根強《ねづよ》い。オバマ大統領《だいとうりょう》でさえ「恐《おそ》らく私の生きているうちには達成《たっせい》されないだろう」と留保《りゅうほ》する。

だが私は、困難《こんなん》は伴《ともな》っても、一つの不動《ふどう》の楔《くさび》を打つことで核拡散《かくさん》の濁流《だくりゅう》を塞《ふさ》ぎ、大きく核廃絶への突破口《とっぱこう》が開かれると確信《かくしん》する。その楔とは「核兵器の使用禁止《しようきんし》」を国際規範《こくさいきはん》にすることだ。

すでに核兵器は、抑止論的《よくしろんてき》な意味合《いみあ》いはともあれ、軍事的《ぐんじてき》に〝ほぼ使用できない兵器〟との位置《いち》づけが保有国《ほゆうこく》の間でも定着《ていちゃく》しつつある。ゆえに規範を確立《かくりつ》し、抑止論の命脈《めいみゃく》を絶《た》てば、核保有に固執《こしゅう》し続ける意味は急速《きゅうそく》に失《うしな》われるに違《ちが》いない。

私は、NPT再検討《さいけんとう》会議で、「使用禁止《しようきんし》」への道筋《みちすじ》を開く作業《さぎょう》の着手《ちゃくしゅ》をと強く呼《よ》びかけてきた。五年以内にこれを法制化《ほうせいか》し、原爆投下《げんばくとうか》から七十年にあたる二〇一五年には、「核廃絶《かくはいぜつ》サミット」を広島と長崎で開催《かいさい》することを提《てい》案《あん》したいのだ。

「生《い》きている間に、核兵器《へいき》の廃絶を見届《みとど》けたい。今までそのために生きてきた」――私たちが聞き取りをした八十五歳の被爆者《ひばくしゃ》の方《かた》の声である。人生を賭《と》した、この核廃絶への真情《しんじょう》を世界に伝《つた》える場《ば》として、再検討会議の討議《とうぎ》に入る前に、被爆者の代表がスピーチする機会《きかい》を設《もう》けることはできないだろうか。

「核兵器はなくせる」――中國新聞の特集のタイトルには、広島の勇気《ゆうき》の誓《ちか》いが結晶《けつしょう》している。被爆者の方々の平均年齢《へいきんねんれい》が七十五歳を超《こ》えるなか、若い世代への心の継承《けいしょう》も進む。「十代がつくる平和新聞　ひろしま国」を、私も愛読《あいどく》する一人《ひとり》である。

私の知る広島の青年たちも、若き熱と力《ちから》で「核《かく》なき世界」を創《つく》るとの決心《けっしん》で行動《こうどう》している。被爆《ひばく》二世の若き映像作家《えいぞうさっか》は、アメリカの原爆開発《げんばくかいはつ》に携《たずさ》わった物理学者《ぶつりがくしゃ》の娘《むすめ》である女性画家《がか》と平和を訴《うった》える作品《さくひん》を共同制作《きょうどうせいさく》して、国連本部などで展示《てんじ》した。

核廃絶《はいぜつ》への道を〝現実《げんじつ》〟が阻《はば》んでいるのなら、世界の民衆《みんしゅう》が連帯《れんたい》して〝新しい現実〟を生み出し、ゴールへの足場《あしば》をつくればよい。

先月、民衆が主導《しゅどう》してきたクラスター爆弾禁止条約《ばくだんきんしじょうやく》の発効《はっこう》が決まった。これに続いて「核兵器《へいき》禁止条約」を民衆の力で成立《せいりつ》させようではないか。

広島への原爆投下《とうか》で、世界の歴史《れきし》は変《か》わった。その苦難《くなん》を勝《か》ち越《こ》えた「ヒロシマの心」が、新《あら》たな人類史《じんるいし》を創《つく》りゆく平和の春が来たと、私は確信《かくしん》する。

（中國新聞　2010年3月16日）
＊「中國新聞」2009年2月19日付

「あきらめの壁《かべ》」乗《の》り越《こ》える勇気を

世界は変《か》わる。いな、変えられる。必要なのは「変わらない」という「あきらめの壁」を乗り越える勇気《ゆうき》だ。この勇気が光る希望《きぼう》の都《みやこ》が、私の大好《だいす》きな長崎である。

「核兵器《かくへいき》の苦《くる》しみを最初に背負《せお》ったのは日本人です。だから、私はここ長崎に来ました」と語《かた》ったのは、ゴルバチョフ元ソ連大統領《だいとうりょう》である。一九九一年の春、初来日の折《おり》、平和公園で黙禱《もくとう》を捧《ささ》げ、被爆者《ひばくしゃ》の方々と握手《あくしゅ》を交《か》わされた。

核兵器《かくへいき》のボタンを握《にぎ》る地位《ちい》に立った氏は、核抑止《よくし》の戦略《せんりゃく》がいかにもろく危《あや》ういかを悟《さと》った。その決断《けつだん》は、米ソ間の核戦力《せんりょく》の削減《さくげん》に結実《けつじつ》し、「冷戦《れいせん》の壁《かべ》」をも破《やぶ》った。

昨年（二〇〇九年）の師走《しわす》、私と十度目の対話《たいわ》を重《かさ》ねた折《おり》も、氏は熱く語《かた》った。

「金融危機《きんゆうきき》から、一つの現実《げんじつ》が見えてきました。私たち人類《じんるい》は、今までの生《い》き方を変《か》え、新《あら》たな規範《きはん》、新秩序《しんちつじょ》をつくらねばならない、という現実です」――。

それは、貧困《ひんこん》、格差《かくさ》、環境破壊《かんきょうはかい》、暴力《ぼうりょく》など、前世紀《ぜんせいき》からの課題《かだい》が待《ま》ったなしで迫《せま》り来る現実であろう。

とくに脅威《きょうい》が高まっているのは核兵器の問題だ。しかし今、解決《かいけつ》へ道筋《みちすじ》をつけるチャンスが巡《めぐ》ってきた。いまだ道は険《けわ》しいが、この好機《こうき》を決して逃《のが》してはならない。

オバマ米大統領《だいとうりょう》は昨年四月、核《かく》を使用《しよう》した国としての道義《どうぎ》的責任《てきせきにん》に言及《げんきゅう》し、「核兵器《へいき》のない世界」を目指《めざ》すプラハ演説《えんぜつ》を行《おこな》った。さらに国連安保理《あんぽり》は、その環境《かんきょう》づくりを目指《めざ》す決議《けつぎ》を行い、米ロでは「戦略《せんりゃく》兵器削減条約《さくげんじょうやく》」の後継《こうけい》条約について大筋《おおすじ》で合意《ごうい》した。

私の友人であるキッシンジャー元米国務長官《もとべいこくむちょうかん》をはじめ、かつて核政策《せいさく》を担《にな》っていた人々も、次々に核廃絶《はいぜつ》の必要性《ひつようせい》を力説《りきせつ》する声をあげ始めている。「核廃絶こそ最《もっと》も現実的《げんじつてき》な平和への道」との認識《にんしき》が高まり、広がっているのだ。

長崎市では、昨夏《さっか》に「平和市長会議」を開催《かいさい》された。二〇二〇年までの核廃絶をうたう「ヒロシマ・ナガサキ議定書《ぎていしょ》」をNPT（核拡散防止《かくさんぼうし》条約）の再検討《さいけんとう》会議で採択《さいたく》するよう、広島市などとともに、力強《ちからづよ》く運動を進めてこられた。真摯《しんし》な取り組みに、心から敬意《けいい》を表したい。

交渉《こうしょう》の当事《とうじ》者《しゃ》は国家《こっか》である。だが、核兵器の脅威《きょうい》を地球上《ちきゅうじょう》から取り除《のぞ》くために、国際世論《よろん》を高めて、各国《かっこく》の指導者《しどうしゃ》たちに責任《せきにん》ある行動《こうどう》を促《うなが》す原動力《げんどうりょく》は、いったい何か。それは、目覚《めざ》めた民衆《みんしゅう》の声である。なかんずく被爆地《ひばくち》からの声ほど、強く深く胸打《むねう》つ響《ひび》きはない。

この信条《しんじょう》から、私は先月（一月）発表した平和提言《ていげん》でも提案《ていあん》した。それは、原爆投下《げんばくとうか》七十年となる二〇一五年に、長崎と広島で、核《かく》時代に終止符《しゅうしふ》を打つ意義《いぎ》を込《こ》めた「核廃絶《はいぜつ》サミット」を行うことである。

今月は「核兵器《へいき》廃絶――地球《ちきゅう》市民集会ナガサキ」が開かれ、「長崎アピール」が採択《さいたく》された。この二十三日から、私たちが長崎原爆資料館《しりょうかん》の平和会館ホールで開催《かいさい》させていただいている「核兵器廃絶への挑戦《ちょうせん》と人間精神《せいしん》の変革《へんかく》」展《てん》にも、世界百九十二カ国・地域から連帯《れんたい》のエールが寄《よ》せられている。（二〇一〇年二月二十三日～三月五日）

私の師《し》である戸田城聖《じょうせい》・創価学会第二代会長は一九五七年、核兵器を人類《じんるい》

1991.4　フィリピン・マニラ

の生存権《せいぞんけん》を奪《うば》う「絶対悪《ぜったいあく》」と喝破《かっぱ》し、原水爆禁止宣言《げんすいばくきんしせんげん》を発表した。師《し》の遺訓《いくん》を胸《むね》に、私は愛する長崎の友と行動《こうどう》してきた。

長崎は二度目の原爆《げんばく》が投下《とうか》された都市である。一度でなく二度という事実自体《じたい》が、「原爆の使用《しよう》は必要悪《ひつようあく》である。戦争終結《しゅうけつ》のためにやむを得《え》なかった」との主張《しゅちょう》を打《う》ち砕《くだ》いている。

核兵器《かくへいき》は「必要悪」ではなく「絶対悪」である。その使用は断《だん》じて許《ゆる》されない。このことを、誰《だれ》よりも、どこよりも、声を大にして世界に訴《うった》え続ける権利《けんり》が、長崎の皆さま方にはある。

原爆の犠牲《ぎせい》となられた方々の命《いのち》の叫《さけ》びを、私たちは未来永劫《みらいえいごう》、全人類《ぜんじんるい》の心に刻《きざ》みつけていかねばならない。

女性たちの被爆体験《ひばくたいけん》の「証言《しょうげん》DVD」(五言語・創価学会インタナショナル制作)は、長崎の尊《とうと》き母の言葉《ことば》で結《むす》ばれている。

「三度の原爆を許すまじということを、私は死《し》ぬまで、生《い》きて生きて生き抜《ぬ》いて、使命《しめい》を果《は》たしていきたいと思います」

私がよく知る九州の青年たちも、「父母の平和の祈《いの》りを永遠《えいえん》に継承《けいしょう》する」「絶《ぜっ》対《たい》に三度目の核兵器《かくへいき》を使用《しよう》させない」「長崎から生命尊厳《そんげん》の哲学《てつがく》を全世界へ」と誓《ちか》い、勇気《ゆうき》の対話《たいわ》を重《かさ》ねている。

維新《いしん》の英雄《えいゆう》・坂本龍馬《さかもとりょうま》が、狭《せま》い藩《はん》にとらわれた旧思考《きゅうしこう》を破《やぶ》って、日本の命《めい》運《うん》を見つめ、世界へ打って出る新思考を育《はぐく》んだ天地《てんち》は、進取《しんしゅ》の都《みやこ》・長崎であった。

「核兵器は、必《かなら》ず廃絶《はいぜつ》できる！」

この二十一世紀《せいき》の新思考が、人間生命の勝鬨《かちどき》として、長崎から世界へ轟《とどろ》き広がる新しい朝が来ている。

（長崎新聞　２０１０年２月24日）

北陸から「平和の春」を

「心の春の嬉《うれ》しさよ*」

これは、故郷《こきょう》の北國新聞に小説を連載《れんさい》した文豪《ぶんごう》・泉鏡花《いずみきょうか》の言葉《ことば》である。

昨秋（二〇〇九年）、注目《ちゅうもく》の調査《ちょうさ》があった。テーマは「現在住《す》んでいる地域への満足度《まんぞくど》」（博報堂《はくほうどう》生活総合研究所）。全国の第一位はどこか。北陸である。

「伝統的《でんとうてき》・文化的な雰囲気《ふんいき》」「家族《かぞく》や友人、近隣住民《きんりんじゅうみん》との交流《こうりゅう》のしやすさ」など多くの項目《こうもく》で、北陸の満足度が堂々《どうどう》のトップであった。

北国の厳《きび》しき寒《さむ》さをものともせず、皆で満足し合える郷土《きょうど》を築《きず》かれていることは、何と清々《すがすが》しいことだろうか。

私の人生の師匠《ししょう》である戸田城聖《じょうせい》先生は、北陸生まれであることを誉《ほま》れとし、故郷《こきょう》の繁栄《はんえい》を祈《いの》り続けていた。今、「心の春」光る北陸の発展《はってん》を、さぞや喜《よろこ》ばれているに違《ちが》いない。

北国の「北」は「喜多《きた》」。すなわち喜《よろこ》び多き国の意義《いぎ》なりと、師弟《してい》で語《かた》り合ったことも懐《なつ》かしい。この二月十一日（二〇一〇年）は、師の生誕《せいたん》百十周《しゅう》年《ねん》となる。

同じ年に片山津《かたやまづ》に生まれた物理《ぶつり》学者《がくしゃ》の中谷宇吉郎《なかやうきちろう》博士《はかせ》は、世界で初めて人《じん》工的《こうてき》に雪《ゆき》の結晶《けっしょう》を作り出したことで名高《なだか》い。伝統《でんとう》文化の都《みやこ》・北陸が、どれほど多くの英才《えいさい》を生んできたことか。その豊《ゆた》かな人材山脈《じんざいさんみゃく》は、日本の宝《たから》といってよい。

私の師も数学《すうがく》の天才《てんさい》であった。師が出版《しゅっぱん》した『推理《すいり》式指導算術《しきしどうさんじゅつ》』は、昭和の初期に百万部を超《こ》える大ベストセラーとなった。その才能《さいのう》を大きく育《はぐく》んだのは、お母様であった。十分に学校は出ていなかったが、生《い》き生きと生活の知恵《ちえ》を発揮《はっき》した。計算《けいさん》一つにも、創意工夫《そういくふう》をする母上であられた。

いかなる事象《じしょう》の本質《ほんしつ》も鋭《するど》く見抜《みぬ》く眼光《がんこう》の師《し》であった。ともに、貧《まず》しき母たちの苦労《くろう》に涙《なみだ》する慈愛《じあい》の師であった。そして、青年に親孝行《おやこうこう》を教《おし》える春風《しゅんぷう》のごとき師であった。

師の祖父《そふ》も父も、雄々《おお》しく北前船《きたまえぶね》で荒海《あらうみ》を往来《おうらい》した。その北陸の剛毅《ごうき》な海の男の魂《たましい》を、若き師は呼吸《こきゅう》していた。

戦時中《せんじちゅう》、軍部《ぐんぶ》政府《せいふ》の弾圧《だんあつ》による過酷《かこく》な獄中《ごくちゅう》で、大乗《だいじょう》仏教の真髄《しんずい》たる法華経《ほけきょう》の探求《たんきゅう》を貫《つらぬ》いた。「仏《ほとけ》」とは何か――。それは生命である。何ものにも負《ま》けない尊極《そんごく》の生命が万人《ばんにん》に備《そな》わっているのだ、と宣言《せんげん》した。ともに囚《とら》われた先師《せんし》・牧口常三郎《つねさぶろう》先生は獄死《ごくし》。その遺志《いし》を巌窟王《がんくつおう》のごとく

1992.6　エジプト・アレクサンドリア

継《つ》いで出獄《しゅつごく》した。「戦争《せんそう》は絶対《ぜったい》に許《ゆる》してはならぬ。そのために民衆《みんしゅう》が賢《かしこ》くなり強くなって、揺《ゆ》るぎない平和の勝利《しょうり》の陣列《じんれつ》を創《つく》るのだ」と、戦後《せんご》の荒野《こうや》に「人間革命《かくめい》」の運動を展開《てんかい》していった。

人間革命とは、富山県を「第二の故郷《こきょう》」と呼《よ》ぶ、大教育者の南原繁博士《なんばらしげるはかせ》も力強《ちからづよ》く提唱《ていしょう》されていた理念《りねん》である。

師《し》はいつも、苦《くる》しみ悩《なや》む庶民《しょみん》の絶対《ぜったい》の味方《みかた》であった。民衆を見下《みくだ》す邪悪《じゃあく》と傲慢《ごうまん》には、激怒《げきど》して戦《たたか》われた。「冬は必《かなら》ず春となる」と、一人《ひとり》ひとりを最後《さいご》の最後まで励《はげ》まし続け、五十八年の崇高《すうこう》な人生を飾《かざ》られた。

私の知る加賀《かが》の助産師《じょさんし》の方は、不慮《ふりょ》の雪《ゆき》の事故《じこ》で最愛《さいあい》のお子さんを亡《な》くされた。

しかし、師の哲学《てつがく》を学び、悲《かな》しみから立ち上がった。五千人もの赤《あか》ちゃんの誕生《たんじょう》を支《ささ》え慈《いつく》しみ、「一人の命《いのち》は地球《ちきゅう》よりも重《おも》い」と、地域や学校で声高《こえたか》らかに訴《うった》えている。「宿命《しゅくめい》」を「使命《しめい》」に変《か》えた劇《げき》である。

師《し》の戸田先生が道を開いた生命尊厳《そんげん》の「平和と文化と教育の連帯《れんたい》」は、今や世界百九十二カ国・地域に広がった。

先日、大地震《おおじしん》に見舞《みま》われたハイチでも、わが友は復興《ふっこう》の陣頭《じんとう》に立って献身《けんしん》している。

「地上《ちじょう》から悲惨《ひさん》の二字をなくしたい」。この熱願《ねつがん》に燃《も》え、師が「原水爆禁止《げんすいばくきんし》宣言《せんげん》」を発表《はっぴょう》したのは冷戦下《れいせんか》の一九五七年であった。

この同じ年に創設《そうせつ》された、核廃絶《かくはいぜつ》を目指《めざ》す科学者《かがくしゃ》の団体・パグウォッシュ会議の指導者《しどうしゃ》ロートブラット博士《はかせ》は、「戸田城聖《じょうせい》氏は平和の英雄《えいゆう》」と遺言《ゆいごん》された。人類《じんるい》の生存権《せいぞんけん》に立脚《りっきゃく》した「原水爆禁止宣言」は、かの「ラッセル＝アインシュタイン宣言」と志《こころざし》を同じくするものと評価《ひょうか》されている。

師の生誕日《せいたんび》である二月十一日から「核兵器《へいき》廃絶への挑戦《ちょうせん》と人間精神《せいしん》の変革《へんかく》」展《てん》が開催《かいさい》される。（〜十七日、北國新聞 赤羽ホール）

「核兵器《かくへいき》よりも強く偉大《いだい》な力《ちから》が、人間の生命にある」と師《し》は叫《さけ》んだ。

愛する北陸の若き英雄《えいゆう》たちが、喜《よろこ》び多き理想郷《りそうきょう》から世界へ、「平和の春」を広げゆかれることを祈《いの》りたい。

（北國新聞　２０１０年２月11日）

＊『鏡花全集27』岩波書店

未来の世代へ　伝えゆくこと

戦争《せんそう》で、最《もつと》も苦《くる》しみ、最も悲《かな》しむのは、母たちであり、子どもたちである。

山青く川清き岐阜県の大地《だいち》も、昭和二十年の三月二日から終戦《しゆうせん》前日の八月十四日まで、じつに十二回もの爆撃《ばくげき》を受けたと伺《うかが》っている。岐阜市をはじめ、大垣《おおがき》市、各務原《かかみがはら》市、多治見《たじみ》市など、その被害《ひがい》はあまりにも甚大《じんだい》であった。

私の妻も、疎開《そかい》していた岐阜市美園《みその》町の叔母《おば》の家で、七月九日夜の大空襲《だいくうしゆう》に遭《あ》った一人《ひとり》である。降《ふ》りかかってくる焼夷弾《しょういだん》から逃《のが》れ、必死《ひつし》に長良《ながら》橋《ばし》を渡《わた》って避難《ひなん》したという。

以来六十年――。戦争《せんそう》の犠牲《ぎせい》になられた方々のご冥福《めいふく》をあらためて祈《いの》りながら、妻とともに平和への決意を深くする日々《ひび》である。

パグウォッシュ会議のロートブラット博士《はかせ》と私は、「地球《ちきゅう》平和」を探究《たんきゅう》しゆく対話《たいわ》を重《かさ》ねた。

博士は、あの「アメリカ同時多発《どうじたはつ》テロ」の一カ月後には、ロンドンからアメリカ創価大学へ駆《か》けつけてくださり、熱く学生に訴《うった》えられた。

――原爆投下《げんばくとうか》やホロコースト（大量虐殺《たいりょうぎゃくさつ》）からテロに至《いた》るまで、その根底《こんてい》には「生命の軽視《けいし》」「生命の無視《むし》」の思想《しそう》がある、と。

対談《たいだん》で、未来《みらい》への展望《てんぼう》を尋《たず》ねると、博士は語《かた》られた。「私たちが何か行動《こうどう》を起こさない限《かぎ》り、世界は自然と良《よ》くなるものではありません。だからこそ、自分にできる何かを始める必要《ひつよう》があるのです」

羽島《はしま》市に住《す》む私の知人夫妻《ふさい》は、二十年来、留学生《りゅうがくせい》の面倒《めんどう》を見てこられた。わが子のごとく慈《いつく》しんだ青年は、三十五カ国・六百人を超《こ》える。

2005.9　山梨

「私たちが何かをしてあげるというよりも、留学生《りゅうがくせい》の広い心、助け合いの心、寛容《かんよう》の精神《せいしん》から学んでいます」と語《かた》る笑顔《えがお》が清々《すがすが》しい。

平和も、人権《じんけん》も、自《みずか》らが縁《えん》する「一人《ひとり》の人」を大切《たいせつ》にすることから始まるものであろう。岐阜県では、長年、「人権意識《いしき》」の啓発《けいはつ》と向上《こうじょう》に、積極的《せっきょくてき》に取り組まれてきた。なかでも、小・中学校で「人権推進校《すいしんこう》」を設《もう》け、人権教育の充実《じゅうじつ》に努《つと》めておられることは、まことに意義《いぎ》深い。

これこそ、今年（二〇〇五年）から始まった国連の「人権教育のための世界プログラム」で最重要《さいじゅうよう》のテーマでもある。このプログラムは、私どもが他のNGO（非政府組織《ひせいふそしき》）とともに呼《よ》びかけ実現《じつげん》をみたもので、第一段階《だいいちだんかい》として、初等・中等教育での人権教育に焦点《しょうてん》を当てている。

今なお世界では、幾多《いくた》の子どもたちが人権侵害《しんがい》に苦《くる》しんでいる。日本でも、いじめや暴力《ぼうりょく》が後を絶《た》たない。過日《かじつ》の岐阜新聞に記《しる》されていた一言《ひとこと》が、私の胸《むね》に深く残《のこ》った。

「子どもの目は誰《だれ》もが輝《かがや》いている。曇《くも》らせるような原因《げんいん》は、力《ちから》を合わせて取《と》り除《のぞ》いていかなければならない」（二〇〇五年七月一日付）

郡上《ぐじょう》市の囲炉裏《いろり》火《び》の火種《ひだね》は、七百八十年もの間、守《まも》り継《つ》がれてきた。「平和」と「人権《じんけん》」のために行動《こうどう》する勇気《ゆうき》の炎《ほのお》を、未来《みらい》の世代へ厳然《げんぜん》と伝《つた》えゆくことこそ、私たち大人《おとな》の責務《せきむ》ではないだろうか。

（岐阜新聞　2005年8月7日）

環《かん》日本海の大交流へ

秀麗《しゅうれい》な大山《だいせん》は日本の宝《たから》だ。五月の光《ひかり》あふれる白砂《はくしゃ》の弓ケ浜《ゆみがはま》から、紺碧《こんぺき》の美《み》保湾《ほわん》の彼方《かなた》に、私も、この伯耆富士《ほうきふじ》を仰《あお》いだことがある。

「ああ、まさに」と思った。いにしえより、大陸《たいりく》や半島《はんとう》から波濤《はとう》を越《こ》えて来た人々を、大山が最初に迎《むか》えたのだ。鳥取の天地《てんち》こそ、わが日本の誇《ほこ》る「表《おもて》玄関《げんかん》」だったのである。

鳥取は、人にも自然にも、訪《おとず》れた客人《きゃくじん》を安堵《あんど》させる温《ぬく》もりが満《み》ちている。「きなんせ」と友を招《まね》く言葉《ことば》も、なんと明るく心躍《こころおど》る響《ひび》きか。

「三国志《さんごくし》」の英雄《えいゆう》・諸葛孔明《しょかつこうめい》は、真《しん》の友情《ゆうじょう》は「温《あたた》かにして華《はな》を増さず、寒くして葉《は》を改《あらた》めず」[*1]と言った。信義《しんぎ》を曲《ま》げない強さである。

私の鳥取の友たちも、皆、誠実《せいじつ》だ。粘《ねば》り強くて、ぶれない。いざという時に頼《たよ》りになる。この鳥取の心は、世界市民の人格《じんかく》でもあろう。

琴浦《ことうら》町にある日韓友好交流公園《にっかんゆうこうこうりゅうこうえん》は、一八一九年と一九六三年、韓国《かんこく》の船《ふね》が赤碕《あかさき》沖で遭難《そうなん》した際《さい》に、鳥取の方々が真心《まごころ》で救援《きゅうえん》したことを記念するものだ。

民衆《みんしゅう》の心の絆《きずな》は、歳月《さいげつ》の荒波《あらなみ》にも呑《の》まれない。経済不況《ふきょう》が長引くなかで、中国、韓国、ロシア、モンゴルなど環《かん》日本海地域とのご近所《きんじょ》づきあいは、ますます大事《だいじ》になってきている。

ロシアの文豪《ぶんごう》トルストイも、環日本海地域の平和を叫《さけ》び抜《ぬ》いた。

〝戦争《せんそう》の犠牲《ぎせい》を強《し》いられてきた民衆こそが立ち上がり、平和への連帯《れんたい》を築《きず》くのだ〟と。[*2]

だからこそ、人間の顔《かお》が見える民衆次元《みんしゅうじげん》の交流《こうりゅう》が大切《たいせつ》となる。冷戦終結《れいせんしゅうけつ》の立役者《たてやくしゃ》であるゴルバチョフ元ソ連大統領《だいとうりょう》も言われていた。

「私は、常《つね》に人間を自分と等身大《とうしんだい》の存在《そんざい》として見ています。人間への信頼《しんらい》こそ、一番重要《いちばんじゅうよう》です」と。

近年、政治上の関係が揺《ゆ》れ動く時にも、変《か》わらざる真心《まごころ》で、この環《かん》日本海地域との信頼を一貫《いっかん》して育《はぐく》んでこられたのが、鳥取の方々である。日本全体が感謝《かんしゃ》すべきと、私は思う。

この春も、中海《なかうみ》の米子《よなご》水鳥公園などで越冬《えっとう》したコハクチョウが、北上《ほくじょう》し帰《かえ》っていった。

「鳥取」の地名《ちめい》の由来《ゆらい》となった鳥も「白鳥《はくちょう》」だという。*3 その飛来地《ひらいち》は、韓《かん》国《こく》や中国にもあり、また、北方での繁殖地《はんしょくち》はロシア等となれば、白鳥は、まさに環日本海地域を結《むす》ぶ交流のシンボルとも思えてくる。

ゴルバチョフ元ソ連大統領夫妻と（1997.11　大阪）

白鳥《はくちょう》が成育《せいいく》できる自然環境《かんきょう》を未来《みらい》の世代に守《まも》り伝《つた》えるためにも、この地域のパートナーシップを深めたい。大空《おおぞら》には鳥の渡《わた》る道がある。人にも、歩《あゆ》むべき友情《ゆうじょう》と共生《きょうせい》の道があろう。国家《こっか》の壁《かべ》を超《こ》えた自由《じゆう》な鳥のような目をもてば、新《あら》たな活路《かつろ》も見つかるはずだ。

鳥取は、次代《じだい》を担《にな》う青少年《せいしょうねん》に光《ひかり》を当てた教育・スポーツの交流《こうりゅう》も活発《かっぱつ》である。新日本海新聞社は、韓国《かんこく》の江原《カンウオン》日報社とも提携《ていけい》し、心を結《むす》ぶ交流を牽引《けんいん》されている。その中で生まれた江原日報の鳥取特集の記事で、「しゃんしゃん祭」など鳥取の魅力《みりょく》を学んだと、私の韓国の友人も語《かた》っていた。

「往《ゆ》く言葉《ことば》が美しくして、来《く》る言葉が美しい」とは韓国の格言《かくげん》だ。

「鳥取民芸《みんげい》の父」吉田璋也博士《しょうやはかせ》は、誠意《せいい》こもるジゲ（地元《じもと》）職人《しょくにん》の尊《とうと》き伝《でん》統《とう》を生かし、人類《じんるい》の成長《せいちょう》と幸福《こうふく》にも役立つ「健康なる美」の創造《そうぞう》を目指《めざ》された。日本のふるさと・鳥取には、もっともっと世界に発信《はっしん》したい文化がある。

心がある。

五十年前、私は鳥取の友とロマンの砂丘《さきゅう》に立った。〝日本海の荒波《あらなみ》の彼方《かなた》に東洋《とうよう》の平和を〟と展望《てんぼう》した青春《せいしゅん》の決意は、今も胸中《きょうちゅう》から消《き》えない。

二十一世紀《せいき》の日本海を、永遠《えいえん》の「平和と繁栄《はんえい》の海」に！　この大交流《だいこうりゅう》の未《み》来《らい》を担《にな》い立つのは、鳥取の青年たちの勇気《ゆうき》と希《き》望《ぼう》の翼《つばさ》である。

（日本海新聞　２０１０年５月３日）

＊１　「論交」『諸葛亮集』中華書局

＊２　ア・イ・シフマン著『トルストイと日本』末包丈夫訳、朝日新聞社、参照

＊３　『日本書紀』岩波書店、『古事記』岩波書店等、参照

山陰の心《サン・イン・ハート》は　安心社会の太陽

「心に太陽を」とは、ドイツの詩人《しじん》の名句《めいく》[*1]だ。

山陰《さんいん》は「太陽の国」である。新しい一年、あの友この友の心に、新しい太陽よ、昇《のぼ》れと祈《いの》りたい。

戦乱《せんらん》や災害《さいがい》、経済不況《ふきょう》や環境汚染《かんきょうおせん》、さらに身近《みぢか》でも起こる痛《いた》ましい事件《じけん》など、暗雲《あんうん》が垂《た》れ込《こ》める時代である。だからこそ皆で知恵《ちえ》を出し、力《ちから》を合わせて、わが地域から安心と安全《あんぜん》、そして平和の光《ひかり》を強めていきたい。

十五年来、松江《まつえ》市を中心に女性防火《ぼうか》クラブで活躍《かつやく》される、お母様のお話を伺《うかが》った。

天ぷら油《あぶら》の火災《かさい》をいかに初期《しょき》に消火《しょうか》するかなど、具体的《ぐたいてき》に学び合い、「火《か》事《じ》を出さない町づくり」を真剣《しんけん》に進める。

こうした草《くさ》の根《ね》の努力《どりょく》や、福祉《ふくし》や防災《ぼうさい》の優《すぐ》れた技術《ぎじゅつ》を発信《はっしん》する地元《じもと》の企業《きぎょう》にもエールを送《おく》り、安心生活へ「地域との共動《きょうどう》」を展開《てんかい》される山陰中央新報社に敬意《けいい》を表したい。

仏典《ぶってん》には「人のために明《あ》かりを灯《とも》せば、自分の前も明るくなる」とある。

ラテン・アメリカの農家《のうか》の方が、トウモロコシの最高品質《ひんしつ》を維持《いじ》し続けていた。

秘訣《ひけつ》は、何か。〝近隣《きんりん》に最高の種《たね》を分《わ》け、協力《きょうりょく》すること〟であった。

ライバルが増《ふ》えないか？　いな！　周《まわ》りが良《よ》くなれば、風による受粉《じゅふん》を通し、自家《じか》の品質もより高まるのだ。

人権《じんけん》の闘士《とうし》エスキベル博士《はかせ》は、この逸話《いつわ》を通《とう》し、〝平和を望《のぞ》むならば、周《まわ》りの平和に尽《つ》くすべきだ〟と強調《きょうちょう》されていた。

一九七四年九月、私は中国に続いて冷戦下《れいせんか》のソ連を訪問《ほうもん》した。内外《ないがい》から激《はげ》しい批判《ひはん》を浴《あ》びた。しかし私は、「人間に会いに行くのです」と対話《たいわ》の扉《とびら》を開いた。

今、大きく広がった文化・教育の民衆交流《みんしゅうこうりゅう》の道に多くの青年が続いてくれている。

私が創立《そうりつ》した学園《がくえん》の卒業生《そつぎょうせい》である、島根の若き外科医《げかい》は「国境《こっきょう》なき医師団《いしだん》」の使命《しめい》を担《にな》い、内戦《ないせん》に苦《くる》しむスーダンに赴任《ふにん》した。命懸《いのちが》けで献身《けんしん》する彼から便《たよ》りが届《とど》いた。

「人と人の絆《きずな》が親密《しんみつ》な山陰《さんいん》の天地《てんち》で、私は医者である前に、地域の一員《いちいん》としての自覚《じかく》を培《つちか》いました。それが、現地《げんち》の方々との信頼《しんらい》関係が一番求められる、国際医療《いりょう》で何よりの力《ちから》となっております」と。

一人《ひとり》の生命を大切《たいせつ》にする心が、地域も世界も照《て》らしゆく陽光《ようこう》となる。

「人を照らす」ことは、「声をかける」ことだ。

島根を愛した小泉八雲《こいずみやくも》先生は、挨拶《あいさつ》の力《ちから》に着目《ちゃくもく》した。愛情《あいじょう》こもる声には、人類《じんるい》に共通《きょうつう》する「優《やさ》しい響《ひび》き」があるというのだ[*2]。

児童《じどう》の安全下校《あんぜんげこう》などを見守《みまも》ってくださるパトロール・ママたちの温《あたた》かな声も、地域の安心を支《ささ》える光《ひかり》である。

先日、再会《さいかい》したゴルバチョフ氏も、強く語《かた》られていた。

「社会生活の全般《ぜんぱん》に、もっと女性の声が反映《はんえい》されれば、世界は今よりずっとよくなり、失敗《しっぱい》も少なくなるでしょう」と。

「心に太陽を」という名句《めいく》を英語的に言えば、〝サン・イン・ハート〟すなわち「山陰《さんいん》の心」だ。

「陰徳《いんとく》あれば陽報《ようほう》あり」とは、先哲《せんてつ》の箴言《しんげん》である。

誰《だれ》が誉《ほ》めずとも太陽は光を惜《お》しまない。私の知る山陰の友も皆、誠実《せいじつ》に「陰徳」を惜《お》しまぬ方々だ。

この一年も、希望《きぼう》と幸福《こうふく》の「陽報《ようほう》」が輝《かがや》きわたることを念願《ねんがん》している。

（山陰中央新報　2010年1月5日）

＊1　フライシュレンの詩「心に太陽を持て」、高橋健二編『ドイツの名詩名句鑑賞』所収、郁文堂、参照

＊2　小泉八雲著「門つけの歌」牧野陽子訳、平川祐弘編『光は東方より』所収、講談社、引用・参照

第五章　友誼と対話

絆《きずな》を強め　人が輝く郷土に

「根深《ねふか》ければ枝《えだ》しげし
　源遠《みなもととお》ければ流《なが》れ長し」

これは、栃木県が友好交流《ゆうこうこうりゅう》を結《むす》ぶ中国・浙江省《せっこうしょう》ゆかりの先哲《せんてつ》・天台大師《てんだいだいし》の言葉《ことば》である。

下野《しもつけ》新聞が幅広《はばひろ》く県民《けんみん》に支持《しじ》され、大発展《だいはってん》を遂《と》げながら、ここに創刊《そうかん》百三十周年《しゅうねん》を迎《むか》えられた。「根深く」「源遠き」歴史《れきし》に思いを馳《は》せつつ、「郷土《きょうど》とともに、明日《あす》をひらく」のスローガンを掲《かか》げての新出発《しんしゅっぱつ》を、心よりお祝《いわ》い申し上げたい。

「予《よ》は下野《しもつけ》の百姓《ひやくしよう》なり」とは、草創期《そうそうき》の編集長《へんしゆうちよう》として活躍《かつやく》された、巨星《きよせい》・田中正造翁《しようぞうおう》の誇《ほこ》り高き宣言《せんげん》である。この明治時代の最大の思想家《しそうか》は、愛する民衆《みんしゆう》の命《いのち》と郷土《きようど》を権力《けんりよく》の横暴《おうぼう》から護《まも》り、〝人間の尊厳《そんげん》〟のために全生命を燃《も》やし尽《つ》くした。

下野新聞が厳然《げんぜん》と受け継《つ》いでこられた、この烈々《れつれつ》たる人間愛と勇気《ゆうき》にこそ、ジャーナリズムの永遠《えいえん》の原点《げんてん》がある。日本の軍国主義《ぐんこくしゆぎ》と戦《たたか》った私の人生の師《し》も、「信念《しんねん》なき言論《げんろん》は煙《けむり》のごとし」と喝破《かつぱ》していた。

私が親《した》しく交友《こうゆう》を結《むす》んだ、二十世紀《せいき》を代表する経済学者《がくしや》のガルブレイス博士《はかせ》は、「最《もつと》も尊敬《そんけい》に値《あたい》する知識人《ちしきじん》」とは、「大衆《たいしゆう》の幸福《こうふく》に最大の関心《かんしん》を抱《いだ》く人々」であると語《かた》られた。その博士が、日本の社会の次の段階《だんかい》の姿《すがた》として、期待《きたい》されていたものは何か。

それは、物質的《ぶつしつてき》な充足《じゆうそく》を超《こ》えて、文化的で精神性豊《せいしんせいゆた》かな価値《かち》を創造《そうぞう》し、皆

2009.1　東京

で享受《きょうじゅ》しゆく社会への移行《いこう》であった。

そうした人間らしい社会を創《つく》りゆく第一歩《だいいっぽ》こそ、最《もっと》も身近《みぢか》な「郷土《きょうど》」を大《たい》切《せつ》にすることではないだろうか。なかんずく、栃木県には、日本の〝緑《みどり》の文化度〟をリードしゆく風光明媚《ふうこうめいび》な自然がある。多彩《たさい》な伝統工芸《でんとうこうげい》や建築《けんちく》があり、優《すぐ》れた文学の詩情《しじょう》がある。そして、どこよりも誠実《せいじつ》で勤勉《きんべん》な、人情味《にんじょうみ》にあふれた人々がいる。

思えば、私の小学校時代の忘《わす》れ得《え》ぬ恩師《おんし》も、栃木県の出身《しゅっしん》であられた。修《しゅう》学旅行《がくりょこう》で、皆に気前《きまえ》よくおごって小遣《こづか》いを使《つか》い果《は》たしてしまった私を、恩師は陰《かげ》に呼《よ》んで「お兄さんたちが皆、戦争《せんそう》に行っているのだから、ご両親《りょうしん》にお土産《みやげ》を買って差《さ》し上げなさい」と、そっと紙幣《しへい》を握《にぎ》らせてくださった。その心温《こころあたた》まる思い出は、人間教育に生《い》きる私の宝《たから》となっている。

近年、栃木県では、〝人間力〟を高め、家庭や地域の絆《きずな》を強めるために、「とちぎ元気プラン」が推進《すいしん》されている。県民《けんみん》と行政《ぎょうせい》の協働《きょうどう》による「とちぎの元郷土《きょうど》の気な森づくり」も、環境《かんきょう》運動のモデルとして注目《ちゅうもく》されるところだ。「郷土の輝《かがや》き」とは「人間の輝き」である。郷土の繁栄《はんえい》への知恵《ちえ》と活力《かつりょく》は、人間の心の交流《こうりゅう》の広場《ひろば》から生まれる。

とくに、ネット社会にあっては、〝血《ち》の通《かよ》った地域の結合《けつごう》〟や〝顔《かお》の見える連帯《れんたい》〟が求められている。

未来学者《みらいがくしゃ》のヘンダーソン博士《はかせ》は、一人《ひとり》の母として市民の力《ちから》を結集《けっしゅう》し、ニューヨークの大気汚染《たいきおせん》を改善《かいぜん》してこられた。この博士と、これからのメディアの重要《じゅうよう》な要件《ようけん》として一致《いっち》した点がある。

それは、第一に「民衆《みんしゅう》の声を反映《はんえい》すること」。第二に「グローバルな視点《してん》に立脚《りっきゃく》すること」である。

下野《しもつけ》新聞では「読者懇談会《どくしゃこんだんかい》」を設《もう》けて、人々の声に真摯《しんし》に耳を傾《かたむ》けておられる。さらに中国の浙江《せっこう》日報などとも友好協定《ゆうこうきょうてい》を結《むす》び、地域に根《ね》ざした国際交流を広げてこられた。

栃木に光る「大地《だいち》の実《みの》り」「森の恵《めぐ》み」そして「心の温《ぬく》もり」――。この人間と郷土《きょうど》の讃歌《さんか》が、百三十年の風雪《ふうせつ》に鍛《きた》え上げられた下野《しもつけ》新聞のヒューマニズムとともに、一段《いちだん》と力強《ちからづよ》く世界へ発信《はっしん》されゆくことを、私たちは期待《きたい》してやまない。

(下野新聞　2008年6月3日)

豊《ゆた》かな友好の大地

日本列島《れっとう》の中原《ちゅうげん》に光る「野の国・幸《さち》の国」岐阜県が、黄金《おうごん》の実《みの》りで彩《いろど》られる初秋《しょしゅう》を迎《むか》える。

「日本の水田《すいでん》は奇跡《きせき》だ」といわれる。毎年、米《こめ》を作り続けても生産力《せいさんりょく》が落《お》ちないからだ。農家《のうか》の方々の丹精《たんせい》のたまものである。

岐阜の県の花である可憐《かれん》なレンゲ草《そう》も、豊かな大地《だいち》の力《ちから》を強めてくれている。田植《たう》え前に紅紫《こうし》に群《む》れ咲《さ》いたレンゲ草は、葉や茎《くき》に多くの窒素《ちっそ》を含《ふく》むゆえ、天然《てんねん》の肥料《ひりょう》ともなる。田んぼに滋養《じよう》を贈《おく》り、地力《ちりょく》を回復《かいふく》させるのだ。

花言葉《はなことば》は「心が和《やわ》らぐ」。この花を県花《けんか》と愛する岐阜の方々の美しい心映《こころば》えと重《かさ》なる。人間の社会にあっても、自《みずか》らが花を咲《さ》かせた大地《だいち》に恩返《おんがえ》しを果《は》たし、そして未来《みらい》の世代のために尽《つ》くしゆける人生は、素晴《すば》らしい。

レンゲ草の原産地《げんさんち》を尋《たず》ねれば、中国である。思えば「岐阜」の名も、「岐」は中国の名君《めいくん》・周《しゅう》の文王《ぶんおう》が決起《けっき》した「岐山《きざん》」、「阜《ふ》」は孔子《こうし》の生誕地《せいたんち》「曲阜《きょくふ》」にちなむ。英雄《えいゆう》・織田信長《おだのぶなが》が天下《てんか》の太平《たいへい》と学問の興隆《こうりゅう》を願《ねが》って命名《めいめい》したといわれる。壮大《そうだい》なスケールの名前だ。

この岐阜の恵那《えな》市が生んだ、近代日本の教育者・下田歌子《しもだうたこ》先生は、いち早く中国から女子留学生《りゅうがくせい》を受け入れた功績《こうせき》でも知られる。

一九〇四年（明治三十七年）、留学生たちの卒業《そつぎょう》の門出《かどで》に、下田先生はこう語《かた》られた。

「偏《ひとえ》に、わが国が千有余《よ》年の昔から、思想《しそう》に於《お》いて学術《がくじゅつ》に於て、はたまた文化の各方面《かくほうめん》に於て、貴嬢方のお国を師《し》と仰《あお》ぎ、大いに啓発《けいはつ》された事に対する

中国の周恩来総理と会見（1974.12　中国・北京）

御恩報《ごおんほう》じの一端」[*1]と。

日中関係が最悪《さいあく》といわれた一九六八年の九月八日、私は両国《りょうこく》の国交正常化《こっこうせいじょうか》を提唱《ていしょう》した。尊《とうと》き先人《せんじん》たちが開いてこられた友好《ゆうこう》の道を護《まも》り、これからの青年たちが手を携《たずさ》えて渡《わた》りゆく「金《きん》の橋《はし》」の建設《けんせつ》を願《ねが》ったからだ。

そのためには、民衆《みんしゅう》の心を結《むす》ぶことである。

人民《じんみん》の指導者《しどうしゃ》・周恩来総理《しゅうおんらいそうり》は、「郡上一揆《ぐじょういっき》」の演劇《えんげき》も鑑賞《かんしょう》されていた。岐阜の大地《だいち》に脈打《みゃくう》つ民衆の勇気《ゆうき》を、深く認識《にんしき》されていたのだ。

岐阜県では、二十年前（一九八八年）から江西省《こうせいしょう》との友好を続けておられる。国家間《こっかかん》の関係が微妙《びみょう》な時も、草《くさ》の根《ね》の信義《しんぎ》を誠実《せいじつ》に貫《つらぬ》いてこられた。今年（二〇〇八年）も、多くの中国の小学生が来県《らいけん》して、各地の小学生と有意義《ゆういぎ》な交流《こうりゅう》を広げている。

「未来《みらい》からの使者《ししゃ》」の心に蒔《ま》かれた、信頼《しんらい》と友誼《ゆうぎ》の種《たね》は、必《かなら》ず大きく花開《はなひら》く時が来る。

岐阜は「誠《まこと》の国」であり「友の国」である。この大地《だいち》に、平和と繁栄《はんえい》の花が咲《さ》き誇《ほこ》りゆく未来《みらい》を、私たちは見つめたい。

三十四年前（一九七四年）にお会いした周総理《しゅうそうり》の信念《しんねん》が思い起こされる。

「友情《ゆうじょう》は力《ちから》を生み出す」*2

（岐阜新聞　２００８年９月７日）

＊１　『下田歌子先生伝』故下田校長先生伝記編纂所編、大空社、現代表記に改めた

＊２　森下修一編訳『周恩来選集』中国書店

深き信義《しんぎ》の源流《げんりゅう》

四季《しき》折々《おりおり》に、岐阜は詩情豊《しじょうゆた》かである。

懐《なつ》かしい岐阜公園では、夏の夜は電飾《でんしょく》の光《ひかり》に包《つつ》まれ、秋が深まると菊人形《きくにんぎょう》・菊花展《きっかてん》が催《もよお》されると伺《うかが》った。市民の手作《てづく》りで、こうした文化活動が活発《かっぱつ》に行われている。ここにも私は、岐阜の詩心《しごころ》の奥深《おくぶか》さを感ずる。

この岐阜公園には、桜《さくら》の名所《めいしょ》としても名高《なだか》い日中友好庭園《ゆうこうていえん》がある。その花々に彩《いろど》られて立つ「日中友好の碑《ひ》」は、国交正常化《こっこうせいじょうか》の十年も前に、岐阜市と杭《こう》州《しゅう》市が結《むす》んだ友誼《ゆうぎ》を、今に留《とど》めている。歴史的《れきしてき》な意義《いぎ》を持つ碑《ひ》だ。

中国・中華全国青年連合会の派遣団を歓迎（2005.4　東京）

建立《こんりゅう》の契機《けいき》は、強制労働《きょうせいろうどう》による中国人殉難者《じゅんなんしゃ》の遺骨《いこつ》を送還《そうかん》する運動であった。両国《りょうこく》の往来《おうらい》がない一九六二年、岐阜日日新聞（岐阜新聞の前身）の山田丈夫《たけお》社長を団長とする訪問団《ほうもんだん》は、杭州《こうしゅう》市に貴重《きちょう》な一歩《いっぽ》を印《しる》されたのだ。

その際《さい》、岐阜から持参《じさん》した「日中不再戦《ふさいせん》」の碑文《ひぶん》と、周恩来総理《しゅうおんらいそうり》の考案《こうあん》とされる「中日友好《ゆうこう》」の碑文とを交換《こうかん》した。翌年（一九六三年）、岐阜市と杭州市の双方《そうほう》に碑が誕生《たんじょう》したのである。

杭州にゆかりの十一世紀《せいき》の文人《ぶんじん》・蘇軾《そしょく》は「善《よ》きことは艱難《かんなん》より出《い》ずる」と語《かた》った。両国の艱難の時代に、友好の扉《とびら》を開かれた岐阜の言論人《げんろんじん》の誠実《せいじつ》なる足跡《そくせき》が偲《しの》ばれる。

碑文の交換から四十五年を迎《むか》えた昨年（二〇〇七年）には、杭州から代表団を岐阜に迎《むか》えて、盛大《せいだい》な記念式典《しきてん》が行われた。歴史《れきし》の波浪《はろう》にも変《か》わらぬ情誼《じょうぎ》に、私は胸《むね》を熱くした一人《ひとり》である。たしかに、私がよく知る岐阜の友人も、中国の友人も、ともに義理《ぎり》堅《がた》く、信義《しんぎ》に篤《あつ》い。

中国の方々とお会いするたびに語《かた》られる、古諺《こげん》がある。それは「飲水思源《いんすいしげん》」（水を飲む時は、その源《みなもと》に思いを馳《は》せる）と。いかなる事業《じぎょう》であれ、先人《せんじん》の恩《おん》を知り、心を継《つ》ぐ後継者《こうけいしゃ》を育《そだ》ててこそ、永遠《えいえん》の発展《はってん》の道は開かれる。

昨春、お会いした温家宝総理《おんかほうそうり》は言われた。

「青年の交流《こうりゅう》にこそ、未来《みらい》がある」

この五月（二〇〇八年）に再会《さいかい》した胡錦濤国家主席《こきんとうこっかしゅせき》もまた、「青春《せいしゅん》の力《ちから》で、世代を超《こ》えた友好《ゆうこう》を！」と呼《よ》びかけておられた。そして、お二人ともに重視《じゅうし》されているのは、文化・教育の交流である。

日中平和友好条約《じょうやく》の締結《ていけつ》三十周年《しゅうねん》の本年、私の創立《そうりつ》した民主音楽協会は「遼寧歌舞団《りょうねいかぶだん》」を招《しょう》へいした。「女性の美と誇《ほこ》り」をテーマにした公演《こうえん》は、岐阜市をはじめ各地で反響《はんきょう》を広げた。なかんずく「母」を讃《たた》える舞台《ぶたい》は、会場が一体《いったい》となって深い感動《かんどう》に包《つつ》まれたという。「生命」を慈《いつく》しみ育《はぐく》む母たちの心に勝《まさ》る、平和の源泉《げんせん》はない。

岐阜公園を彩《いろど》る菊《きく》の花も、中国伝来《でんらい》である。寒風《かんぷう》に揺《ゆ》るがぬ英姿《えいし》は「黄金《おうごん》の甲冑《かっちゅう》」にも譬《たと》えられてきた。この菊花《きっか》のごとく深き信義《しんぎ》の心で、母と子の笑顔《えがお》光る友好《ゆうこう》を護《まも》り、万代《ばんだい》に薫《かお》らせていきたいと願《ねが》う昨今《さっこん》である。

（岐阜新聞　2008年9月12日）

岐阜から「共生《きょうせい》の世紀」を

「風景《ふうけい》は心の鏡《かがみ》である」*――日本画の巨匠《きょしょう》・東山魁夷《ひがしやまかいい》画伯《がはく》は語《かた》られた。

若き日、東山画伯が風景画家を志《こころざ》した原点《げんてん》は、賤母《しずも》（現・中津《なかつ》川《がわ》市）の旅《たび》にあった。この地の雄大《ゆうだい》な自然と、温《あたた》かな人々の心に胸《むね》打《う》たれたのだ。

昨夏《さっか》（二〇〇七年）、多治見《たじみ》市は埼玉の熊谷《くまがや》市とともに四〇・九度を記録《きろく》し、全国の最高気温《きおん》を七十四年ぶりに更新《こうしん》した。ご苦労《くろう》が偲《しの》ばれるが、「日本一の暑《あつ》さを涼《すず》しく乗《の》り切《き》るアイデア」を募《つの》り、打《う》ち水《みず》に使《つか》える「災害時《さいがいじ》等協力井戸《いど》」なども拡充《かくじゅう》されていると伺《うかが》った。

今、世界の最大の焦点《しょうてん》の一つは「地球温暖化《ちきゅうおんだんか》」をはじめ環境問題《かんきょう》だ。発展《はってん》めざましい中国においても、環境への配慮《はいりょ》は喫緊《きっきん》の課題《かだい》となっている。

岐阜市では、友好《ゆうこう》都市である中国の杭州《こうしゅう》市と環境分野《ぶんや》での交流《こうりゅう》をスタートした。杭州市の職員《しょくいん》が岐阜で、環境保護《ほご》やゴミ処理《しょり》などの研修《けんしゅう》を行《おこな》った。

「岐阜での研修の印象《いんしょう》は?」との質問《しつもん》に、杭州市の二人は、水と大気《たいき》の美しさを挙《あ》げられた。

「とくに空気《くうき》は素晴《すば》らしい! 晴《は》れた日の青い空《そら》と白い雲は、歌のように美しかった」

杭州は、マルコ・ポーロから「世界で最《もっと》も華《はな》やかで美しい」と讃《たた》えられた古都《こと》だ。その杭州の友も賞嘆《しょうたん》してやまぬ「人間と自然の共生《きょうせい》」の都《みやこ》こそ、岐阜なのである。

一昨年(二〇〇六年)の秋十月、私は「日中環境パートナーシップ」の構《こう》築《ちく》を提言《ていげん》した。

1987.5　フランス・ビエーブル

具体的《ぐたいてき》には、①環境汚染《かんきょうおせん》の防止《ぼうし》。②省《しょう》エネルギー・循環型《じゅんかんがた》社会への転換《てんかん》。③環境問題への理解《りかい》を深める教育。この三つを柱《はしら》に、「環境調査《ちょうさ》」「技術《ぎじゅつ》協力」「人的交流《じんてきこうりゅう》」「人材育成《じんざいいくせい》」を呼《よ》びかけた。

日本には、公害《こうがい》や石油危機《せきゆきき》の経験《けいけん》を通《とお》して培《つちか》った優《すぐ》れた環境技術がある。日本のエネルギー効率《こうりつ》は、中国の十倍ともいわれる。資源《しげん》や食糧《しょくりょう》の多くを諸《しょ》外国《がいこく》に依存《いそん》する日本は、技術力や人材力の面で世界に貢献《こうけん》できる。

岐阜県にも訪《おとず》れた、中国の学術《がくじゅつ》・芸術界の至宝《しほう》である饒宗頤博士《じょうそういはかせ》は、私に語《かた》っておられた。

――「天人互害《てんにんごがい》」（自然と人間が互《たが》いに害しあう）ではなく、「天人互益《てんにんごえき》」（自然と人間が互いに益しあう）こそ、正《ただ》しき生命の道である、と。

東洋文化には、自然と人間、人間と人間の「調和《ちょうわ》」の思想《しそう》が深く脈打《みゃくう》っている。

私が対談《たいだん》した世界の識者《しきしゃ》たちも、「依正不二《えしょうふに》」（生命と環境の一体性《いったいせい》）という仏法の理念《りねん》を全世界に浸透《しんとう》させ、人類《じんるい》を啓発《けいはつ》すべきだと強調《きようちよう》されていた。

岐阜では、「世界一の花街道《かいどう》王国」を目指《めざ》す植栽《しよくさい》の運動も進められている。

環境《かんきよう》教育にも積極果敢《せつきよくかかん》に取り組んでこられた。

岐阜は「飛山濃水《ひざんのうすい》」と謳《うた》われる日本の故郷《こきよう》であり、世界の憧《あこが》れの宝土《ほうど》だ。

この麗《うるわ》しき天地《てんち》に光る「共生《きようせい》の英知《えいち》」が、環境の新時代をリードしゆくことを、私は強く期待《きたい》する一人《ひとり》である。


（岐阜新聞　2008年9月14日）

＊『日本の美を求めて』講談社

「世界市民の港《みなと》」に友情の絵《え》巻《まき》を

わが心に帰《かえ》るべき「港」を持った人生は強い。神戸《こうべ》は私たちの「心の港」である。日本人だけではない。どれほど多くの海外《かいがい》の友が、神戸を大切《たいせつ》に思っているか。神戸は「世界市民の港」なのだ。

中国の友人たちも、神戸で「大三国志展《だいさんごくしてん》」が開催《かいさい》されることを心から喜《よろこ》ばれている。（二〇〇八年九月五日～十月五日、関西国際文化センター）

「三国志」には、時を超《こ》えて響《ひび》く「詩」がある。中国では古来《こらい》、「第一才子《さいし》書《しょ》」と謳《うた》われてきた。「才子が第一に読むべき書」というのである。

1989.6　スウェーデン・ストックホルム

千八百年前、「三国志《さんごくし》」の舞台《ぶたい》も乱世《らんせ》であった。打ち続く戦乱《せんらん》、経済の混迷《こんめい》、気候《きこう》の変動《へんどう》、荒廃《こうはい》する人心《じんしん》――。その中で、劉備玄徳《りゅうびげんとく》や諸葛孔明《しょかつこうめい》らは理想《りそう》の旗《はた》を掲《かか》げ、勝利《しょうり》の活路《かつろ》を切り開いていった。

「禍《わざわい》を転《てん》じて福《ふく》となし、危《あや》うきに臨《のぞ》んで勝《か》ちを制《せい》す」[*1]とは、孔明のリーダー論であった。そこには、激動《げきどう》の世を果敢《かかん》に生《い》き抜《ぬ》き、勝ち抜く智慧《ちえ》と勇気《ゆうき》が漲《みなぎ》っている。永遠《えいえん》に青年の心を打つ一書だ。

「大三国志展」では、中国の国家一級文物《ぶんぶつ》五十三点を含《ふく》め、国内外の二百を超《こ》える名品《めいひん》が展覧《てんらん》されている。「三顧《さんこ》の礼《れい》」の名画《めいが》は、神戸《こうべ》の白鶴《はくつる》美術館から出品《しゅっぴん》いただいた。

劉備と関羽《かんう》と張飛《ちょうひ》の三人は、青春《せいしゅん》の誓《ちか》いを貫《つらぬ》き通《とお》した。孔明も、二十歳も若い自分に礼節《れいせつ》を尽《つ》くしてくれた劉備に、全生命を捧《ささ》げて応《こた》えた。

暗《くら》い乱《みだ》れた時代にあってこそ、信じ合い、励《はげ》まし合える人間の絆《きずな》が光ることを、「三国志」は誇《ほこ》り高く語《かた》りかけているのではないだろうか。

青年に見てもらいたい展示《てんじ》の一つに、関羽《かんう》が歴史書《れきししょ》『春秋《しゅんじゅう》』を手にしている絵画《かいが》がある。「三国志《さんごくし》」に登場《とうじょう》する多くの指導者《しどうしゃ》たちは、読書家《どくしょか》でもあった。有名《ゆうめい》な「読書百遍《どくしょひゃっぺん》 義《ぎ》自《おのずか》ら見《あらわ》る」という格言《かくげん》の出典《しゅってん》も、じつは「三国志」である。学ぶことは力《ちから》だ。良質《りょうしつ》の活字《かつじ》文化は宝《たから》である。

神戸《こうべ》新聞は、本年、意義《いぎ》深き創刊《そうかん》百十周年《しゅうねん》を迎《むか》えられた。震災報道《しんさいほうどう》をはじめ、「いのち」を守《まも》り抜《ぬ》かんとする信念《しんねん》の言論《げんろん》に、私は敬意《けいい》を表したい。

「二十世紀《せいき》の諸葛孔明《しょかつこうめい》」と讃《たた》えられた周恩来総理《しゅうおんらいそうり》は一八九八年、神戸新聞の誕生《たんじょう》の年に生まれた。周総理が留学《りゅうがく》から帰国《きこく》の途《と》についた港《みなと》も、神戸である。

周総理は、孔明さながらの信義《しんぎ》の人であった。東西《とうざい》の冷戦下《れいせんか》の一九六八年、反対の渦巻《うずま》く中、私が行《おこな》った日中の国交正常化《こっこうせいじょうか》の提言《ていげん》にも、最大の誠実《せいじつ》で応《こた》えてくださった。

周総理と私の会見《かいけん》の通訳《つうやく》に当たられたのは、神戸出身《しゅっしん》の林麗韞《りんれいうん》先生である。

戦災《せんさい》で焼《や》かれた神戸《こうべ》の町を見つめ、平和への行動《こうどう》を決意された女性だ。神戸をこよなく愛する林《りん》先生に、一番好きな日本語を尋《たず》ねたことがある。答えは「友情《ゆうじょう》」であった。

「大三国志展《だいさんごくしてん》」には、四川大地震《しせんおおじしん》の被災地《ひさいち》からも出展《しゅってん》されている。この震《しん》災《さい》の折《おり》、神戸の方々は率先《そっせん》して真心《まごころ》の支援《しえん》の手を差《さ》し伸《の》べられた。

「能《よ》く四時《しじ》にして衰《おとろ》えず、夷険《いけん》を歴《へ》て益々《ますます》固し」*2（真《しん》の友情は、四季《しき》を通じて衰えず、順境《じゅんきょう》・逆境《ぎゃっきょう》を経《へ》るほど強固《きょうこ》になる）とは、孔明《こうめい》の信条《しんじょう》であった。この友情の心が、どこよりも尊《とうと》く強く光る港《みなと》が、神戸である。その未来《みらい》を見つめつつ、悠久《ゆうきゅう》のロマンの展示《てんじ》の成功《せいこう》を祈《いの》りたい。

（神戸新聞　２００８年８月30日）

＊1　「将枝」『諸葛亮集』中華書局
＊2　「論交」『諸葛亮集』中華書局

「対話の文明」

対話《たいわ》は冒険《ぼうけん》である。誰《だれ》にでも可能《かのう》な冒険だ。それは、時として歴史《れきし》をも変《か》える。

「大王よ、あなたの対話は、賢者《けんじゃ》の論《ろん》ですか？　それとも王者《おうじゃ》の論ですか？」

今から二千年以上前、ギリシャ人のミリンダ王と対話を開始《かいし》するに当たって、インドの仏教者ナーガセーナが発《はっ》した問《と》いである。

王に招《まね》かれたナーガセーナは、まず〝権力者《けんりょくしゃ》の独善《どくぜん》〟に楔《くさび》を差《さ》した。対等《たいとう》な人間としてともに真理《しんり》を探究《たんきゅう》し、学び合うという「賢者の対話」の原則《げんそく》を明確《めいかく》に打ち立てたのである。

この対論《たいろん》を通して、ミリンダ王は驕《おご》りの心を捨《す》て、人間の智慧《ちえ》の開拓《かいたく》に目覚《めざ》めた。そして、二人の真摯《しんし》な知性《ちせい》の対話《たいわ》は、古代《こだい》のギリシャ的思惟《しい》とインド的思惟の優《すぐ》れた相互啓発《そうごけいはつ》として、人類《じんるい》の精神史《せいしんし》に光彩《こうさい》を放《はな》っていったのである[*1]。

これは、現代の指導者《しどうしゃ》にとっても示唆《しさ》に富《と》む対話の劇《げき》である。現代ほど、他者《たしゃ》との差異《さい》から学びながら、互《たが》いを高めゆく、創造的《そうぞうてき》な「賢者《けんじゃ》の対話」が要請《ようせい》される時代はないからである。

「賢者の対話」の証《あかし》は、何にもまして「よく耳を傾《かたむ》けること」であろう。とくに山積《さんせき》するグローバルな課題《かだい》には、弱《よわ》い立場《たちば》にある人々の「声なき声」をはじめ、より多くの異《こと》なる立場の意見《いけん》に耳を傾け、衆知《しゅうち》を結集《けつしゅう》する努力《どりょく》が不可欠《ふかけつ》だ。

1992.6　エジプト・カイロ

とともに、賢者《けんじゃ》は忍耐強《にんたいづよ》い。順調《じゅんちょう》に結論《けつろん》に至《いた》らなくとも、現実的《げんじつてき》な一致点《いっちてん》を見い出しゆく智慧《ちえ》と、断《だん》じて対話《たいわ》を継続《けいぞく》しゆく信念《しんねん》が求められる。

思えば一九八六年、アイスランドのレイキャビクで行われた米ソの首脳会談は、事実上、決裂《けつれつ》に終わった。しかし、その後の記者会見《かいけん》で、ゴルバチョフ書記長（当時）は、失敗《しっぱい》とはせず、あえて「将来《しょうらい》への話し合いの第一歩《だいいっぽ》だった」と位置《いち》づけた。

この意志《いし》をアメリカ側《がわ》も汲《く》み取《と》り、その後の取り組みを前向《まえむ》きなものへと修正《しゅうせい》していった。やがて、冷戦終結《れいせんしゅうけつ》への流れが、静かに深く勢《いきお》いを増《ま》していったことは、歴史《れきし》の証明《しょうめい》するところである。

のちにゴルバチョフ氏と私が対話を開始《かいし》した時、共産主義《きょうさんしゅぎ》の大国のトップと仏教者の出会いが、果《は》たして意義《いぎ》ある語《かた》らいになるのかと訝《いぶか》しがられた。

しかし私たちは、自《みずか》らの世代を「戦争《せんそう》の子」と位置づけ、それぞれが体験《たいけん》した戦争《せんそう》の悲惨《ひさん》さと残酷《ざんこく》さを振《ふ》り返《かえ》った。そこから、未来《みらい》への教訓《きょうくん》を導《みちび》き出す決意で語《かた》り合ったのだ。

どの民族《みんぞく》であろうと、どの宗教《しゅうきょう》を信奉《しんぽう》していようと、愛すべき家族《かぞく》があり、護《まも》らねばならぬ子どもたちの未来がある。そして誰人《たれびと》にも、〝生老病死《しょうろうびょうし》〟という人生の春秋《しゅんじゅう》がめぐってくる。

この最《もっと》も根本《こんぽん》の生命の大地《だいち》に立つ時、いかなる差異《さい》も超《こ》えて、必《かなら》ず人間の〝共感《きょうかん》の対話《たいわ》〟は成立《せいりつ》するはずだ。

これからの青年のために、「戦争と暴力《ぼうりょく》の世紀《せいき》」を「平和と対話の世紀」へ――これこそ、私が多くの対談者《たいだんしゃ》たちと共有《きょうゆう》してきた悲願《ひがん》であり、決心《けっしん》なのである。

ともあれ対話は、単《たん》なる自己主張《しゅちょう》でも、説得《せっとく》でもない。対話は、相手の尊《そん》厳《げん》なる生命に敬意《けいい》を表し、そして自《みずか》らとは異《こと》なる個性《こせい》から学びゆくことだ。

仏典《ぶってん》には「鏡《かがみ》に向《むか》って礼拝《らいはい》を成《な》す時浮《うか》べる影《かげ》 又我《またわれ》を礼拝するなり」という美しい譬喩《ひゆ》がある。

人間であれ、文明《ぶんめい》であれ、傲《おご》り高ぶって対話《たいわ》を厭《いと》い、学ぶことを止《や》めてしまえば、もはや成長《せいちょう》も発展《はってん》もない。

「対話の文明」とは「学ぶ文明」であり、「成長する文明」なのである。

対話の対極《たいきょく》は、エゴと不《ふ》信《しん》による人間の分断《ぶんだん》であり、憎悪《ぞうお》と暴力《ぼうりょく》の連鎖《れんさ》にほかならない。

かのトインビー博士《はかせ》は、〝歴史《れきし》の挑戦《ちょうせん》〟に対する〝人間の応戦《おうせん》〟の最大の武器《ぶき》こそ、「対話」であると確信《かくしん》されていた。

「人間的事象《じしょう》のうちでパターンが事《じ》実存在《じつそんざい》しないと思われるのは、人格《じんかく》と人格のあいだの邂逅接触《かいこうせっしょく》の分野《ぶんや》である。この邂逅接触のなかから、真《しん》に新らしい創造《そうぞう》といったなにものかが発生《はっせい》するのだ」[*2]と博士は言われた。

現代の世界が直面《ちょくめん》している〝分断の危機《きき》〟も絶対《ぜったい》に乗《の》り越《こ》えられぬはずは

ない。
対話《たいわ》は、万人《ばんにん》が今いる場所《ばしょ》で踏《ふ》み出せる「平和への王道《おうどう》」である。対話こそ、新鮮《しんせん》な発見《はっけん》の冒険《ぼうけん》であり、行き詰《づ》まりのない価値《かち》創造《そうぞう》の源泉《げんせん》なのである。

（IPS通信社　2008年8月6日）

＊1　『ミリンダ王の問い1』中村元・早島鏡正訳、平凡社、参照
＊2　A・J・トインビー著『歴史の教訓』松本重治訳、岩波書店

池田大作（いけだ・だいさく）

昭和3年（1928年）、東京生まれ。創価学会名誉会長。創価学会インタナショナル（SGI）会長。創価大学、アメリカ創価大学、創価学園、民主音楽協会、東京富士美術館、東洋哲学研究所、戸田記念国際平和研究所などを創立。世界各国の識者と対話を重ね、平和・文化・教育運動を推進。国連平和賞。モスクワ大学、グラスゴー大学、デンバー大学、北京大学、清華大学など、世界の大学・学術機関から名誉博士・名誉教授の称号。世界の各都市から名誉市民等の称号。さらに桂冠詩人・世界民衆詩人の称号、世界桂冠詩人賞など多数受賞。著書に『人間革命』（全12巻）、『新・人間革命』（現22巻）、『私の世界交友録』など。対談集に『二十一世紀への対話』（A・トインビー）、『人間革命と人間の条件』（A・マルロー）、『二十世紀の精神の教訓』（M・ゴルバチョフ）、『地球対談　輝く女性の世紀へ』（H・ヘンダーソン）など多数。

随筆 青年の大地 ―地域ルネサンスの力《ちから》―

二〇一〇年　八　月二十四日　初版発行
二〇一〇年十二月　十　日　四刷発行

著　者　池田大作
発行者　榎本尚紀
発行所　株式会社　鳳書院
〒一〇一-〇〇六一　東京都千代田区三崎町二-八-一二
電話　〇三-三二六四-三一六八（代表）
印　刷　明和印刷株式会社
製　本　株式会社　星共社

＊

落丁・乱丁本はお取り替えいたします

定価はカバーに表示してあります
ISBN978-4-87122-160-3